Peter Ensikat

Hat es die DDR überhaupt gegeben?

Peter Ensikat

Hat es die DDR überhaupt gegeben?

Eulenspiegel Verlag

ISBN 3-359-00911-8

3. Auflage

Rosa-Luxemburg-Str. 39, 10178 Berlin
Umschlagentwurf: Franz Zauleck
Druck und Bindung:
Freiburger Graphische Betriebe

INHALT

WIEVIEL GESCHICHTE BRAUCHT DER MENSCH?

Geschichte hat der Gegenwart eines voraus – sie ist vorbei. Man hat sie hinter sich. Was geschehen ist, ist geschehen, behauptet man gern und übersieht dabei die ganz und gar unbegrenzte Fähigkeit des Menschen, selbst und nachträglich zu entscheiden, woran er sich erinnern mag und woran nicht. Selektives Erinnerungsvermögen nennt man das, beziehungsweise Vergangenheitsbewältigung. Da sich die Gegenwart kaum bewältigen läßt, versucht man es immer wieder mit der Vergangenheit. Ich vergesse, also bin ich in der Lage weiterzuleben. Etwas, woran man sich nicht erinnert, ist nicht geschehen. Was ich nicht mehr weiß, macht mich auch nicht mehr heiß.

Geschichte zerfällt also in die subjektiv erlebte und die objektiv erlebt haben gewollte. Beiden Teilen geht es wie den Parallelen – sie treffen sich in der Unendlichkeit, beim lieben Gott also, von dem ja auch nicht mehr oder noch nicht sicher ist, ob es ihn gibt oder nicht. Geschichte ist weitgehend Glaubenssache. Da bei uns Glaubensfreiheit herrscht, kann jeder an die Geschichte glauben, die ihm paßt.

Man wird vielleicht eines Tages die fälschungssichere Banknote erfinden. Fälschungssichere Geschichte war und ist eine reine Erfindung. Wir leben – wie immer nach solchen Wenden – geschichtswissenschaftlich betrachtet in einer reinen Blütezeit. In solchen Zeiten wird besonders offensichtlich, daß Geschichte eben nicht zu den exakten Wissenschaften gehört, sondern zu den schönen Verhüllungskünsten. Was immer gerade die historische Wahrheit genannt wird, eine Halbwahrheit steckt immer dahinter. Und hinter jeder Halbwahrheit steckt eine halbe Lüge. Aus solchem Stoff sind unsere Geschichtsbücher gemacht.

Wahrheit ist nun mal etwas durch und durch Subjektives – so viele Subjekte, so viele Wahrheiten. Die größte Lüge, die mir in der Schule vermittelt wurde, war die von der Existenz der absoluten Wahrheit. Natürlich weiß ich auch, daß, wer diese absolute Wahrheit sucht, subjektiv durchaus ehrlich sein kann. Aber wer behauptet, sie gefunden zu haben, der lügt objektiv. Denn subjektiv ist der Mensch – wie wir alle von uns selber wissen – in der Lage, auch die häßlichste Lüge für die schönste aller Wahrheiten zu halten.

Da wir Vergangenes immer auch mit dem gegenwärtigen Wissen sehen, wissen wir normalerweise ziemlich genau, wie unsere Vergangenheit auszusehen hat, um in der Gegenwart zu bestehen. Das macht die Vergangenheit immer wieder so aktuell. Wie alles Wissen Macht sein kann, so kann auch das Wissen um die Vergangenheit eine Machtfrage sein. Der Stärkere gibt nachträglich an, was früher gewesen ist – egal, ob er dabei war oder nicht. Denn Sieger schreiben zu jeder Zeit, besonders aber in neuen Zeiten die Geschichte. Und das Schöne an allen Siegern ist, daß sich jeder von ihnen – auch und gerade der Etappensieger, immer gleich für den Endsieger hält. Das ist übrigens kein Privileg von Diktatoren, wie wir beim vorläufig letzten Etappensieg erfahren durften. Oder war es diesmal nur eine Bergwertung?

Immer habe ich es für einen tragischen Irrtum gehalten, für Ideen sterben zu wollen. Daß es dabei aber sowieso fast immer nur bei der Absichtserklärung bleibt, das weiß ich spätestens seit dem Herbst 1989. Damals begab sich unsere gesamte oberste Kirchenleitung – Politbüro genannt – nicht etwa ins letzte Gefecht, sondern nahezu geschlossen in ärztliche Behandlung. So kam es, daß sie fast alle nach abgeschlossener Führungstätigkeit geradewegs in die Verhandlungsunfähigkeit entlassen werden mußten. Nicht etwa, daß irgendein rechtskräftiges Urteil mir irgendeine Befriedigung gebracht hätte – ich bin noch immer für Rente, nicht Rache –, aber erstaunt hat mich die psychische Robustheit der alten Herren schon. Sie mögen alle was an Herz oder Prostata haben, Seele und Gewissen scheinen intakt zu sein. Sie übernehmen relativ ungerührt die Verantwortung für etwas, für das sie zwar sicher keine rechtsstaatliche Justiz belangen kann, das aber auf der Seele zu tragen mir lange unmöglich schien.

Aber das hat wohl ganz einfach mit der Gnade des selektiven Erinnerungsvermögens zu tun. Und dafür haben wir alle, auch die Unschuldigsten unter uns, allen Grund, dankbar zu sein.

Aus all dem geht hervor, daß der Mensch Geschichte, also etwas, was wirklich geschehen ist, gar nicht braucht. Denn jeder von uns ist doch in der Lage, sich die Vergangenheit zusammenzureimen, die gerade verlangt wird oder die einem selbst günstig erscheint. Das Bild, oder besser: die Bilder, die wir uns von der Vergangenheit machen, sind ganz und gar unabhängig von allem wirklichen Geschehen. Also muß auch gar nichts geschehen sein, um von uns in Erinnerung gerufen zu werden. Denn zum selektiven Erinnerungsvermögen kommt noch die Fähigkeit nahezu unbegrenzter menschlicher Phantasie. Wenn zwei dasselbe erleben, haben sie durchaus nicht auch dasselbe zu erzählen. Und das macht die ganze Geschichte überhaupt erst interessant.

HAT ES DIE DDR ÜBERHAUPT GEGEBEN?

Die neue deutsche Gretchenfrage lautet: Glaubst du, daß es eine DDR je gegeben hat? Der Streit um die einzig richtige Antwort droht, das deutsche Volk wieder einmal in wenigstens zwei feindliche Lager zu spalten. Auf der einen Seite stehen die, die dabei waren, sich aber nicht mehr so genau erinnern können, auf der anderen Seite die, die zwar nicht dabei waren, aber alles um so genauer wissen. Beide Lager reden zwar noch miteinander, selbstverständlich aber ohne einander zuzuhören. Es ist ein deutscher Dialog, und der besteht nun mal aus Rede und Gegenrede. Von Zuhören kann dabei gar keine Rede sein.

Selbstverständlich ist auch ein ganz neuer Historikerstreit ausgebrochen. Während die einen die Frage, ob es die DDR je gegeben habe, ganz kategorisch beantworten mit einem kompromißlosen: »Ja, vielleicht«, beziehungsweise »Möglich ist alles«, sagen die anderen nicht weniger entschieden: »Nein, wahrscheinlich nicht«, beziehungsweise »Woher soll man das wissen?« Einig sind sich allerdings alle deutschen Historiker in der Ablehnung der Goldhagen-These: Deutschland als Ganzes sei der ehemaligen DDR, wenn es sie denn gegeben haben sollte, gar nicht so unähnlich, wie es das gern sein möchte.

In unsere durch und durch deutsche Geschichte lassen wir uns von Ausländern nicht hineinreden. Schlimm genug, daß wir ihre Gegenwart ertragen müssen. Deutsche Geschichtsschreibung ist Spurenbeseitigung, oder wie es der in Deutschland führende Historiker Helmut Kohl formuliert haben soll: Historiker haben die deutsche Geschichte bisher immer nur interpretiert. Es kommt aber darauf an, sie zu verändern.

Er selbst jedenfalls kann sich nicht erinnern, einem Politiker namens Honecker die Hand, geschweige denn einen Staatsempfang gegeben zu haben. In dieser Frage wenigstens herrscht noch die Solidarität der Demokraten. Auch die Opposition kann sich an Ostkontakte nicht mehr erinnern. Der eine oder andere Politiker aus Bonn hält es allenfalls für möglich, von der Stasi in eine Falle gelockt beziehungsweise als Geisel nach Schloß Hubertusstock entführt worden zu sein. Der einzige bundesdeutsche Politiker, der weiterhin von sich behauptet, genau gewußt zu haben, mit wem und worüber er da in Ostberlin und Moskau geredet hat, ist bezeichnenderweise der Brandt-Komplize Egon Bahr. Dieses Eingeständnis veranlaßte die Bildzeitung zu der Schlagzeile: WAR DIE GANZE DDR NUR EINE BÖSWILLIGE ERFINDUNG EGON BAHRS?

Überhaupt löste die neue deutsche Existenzfrage ein lebhaftes Presseecho aus. »Spiegel« und »Focus« stellten versehentlich die übereinstimmende Grundsatzfrage: HABEN STOLPE UND GYSI IHRE STASIAKTEN VON KUJAU SCHREIBEN LASSEN, UM SIE DEM STERN VERKAUFEN ZU KÖNNEN? Der Stern dementierte das und kündigte im Gegenzug die Veröffentlichung der Honecker-Tagebücher an. Die Frankfurter Allgemeine stellte die brisante Frage: WAR KUJAU NICHT EIGENTLICH MIELKE UND UMGEKEHRT? Die Süddeutsche Zeitung äußerte inzwischen den durch sie selbst begründeten Verdacht, daß Gregor Gysi seinerzeit Manfred Stolpe die DDR-Verdienstmedaille verliehen habe. Die Hamburger Zeit hingegen hat ebenso zuverlässige Informationen darüber, daß sich Stolpe und Gysi gegenseitig diese Verdienstmedaille zugesteckt hätten, und zwar bei einem konspirativen Treffen auf der Bühne des Deutschen Theaters.

Die ganze Wahrheit aber erfuhr man wieder mal nur in der Superillu. Ihren Reportern gelang es, eine Ostberliner Hobby-Prostituierte ausfindig zu machen, die unter Eid und Alkohol ausgesagt hat, zur fraglichen Zeit mit Gysi und Stolpe in einem Bett gelegen zu haben. Und da sei es – auch das könne sie beeiden – zu keinerlei Auszeichnung gekommen. Wie hierzu aus dem Büro des Brandenburgischen Ministerpräsidenten zu erfahren war, gibt es in Stolpes Tagebuchaufzeichnungen keinen Hinweis auf eine mit Gysi verbrachte Nacht.

Gauck versprach, so lange in seinen Akten suchen zu lassen, bis man Stolpe und Gysi diesen Intimkontakt schwarz auf weiß nachweisen könnte. Im übrigen erklärte er sich bereit, die Nichtexistenz der DDR von Anfang an voll und ganz anzuerkennen, wenn nur an der Weiterexistenz seiner Behörde nicht gerüttelt würde. An seinem Mielke-Erbe lasse er keinen Zweifel zu.

Mit der Existenz Erich Mielkes – auch in der Maske von Kujau – ist übrigens die große Mehrheit des deutschen Volkes einverstanden. Ermöglicht doch so ein

Bösewicht die relativ schuldfreie Weiterexistenz aller anderen.

Der Vorsitzende der Bonner Enquete-Kommission Eppelmann erklärte, diese ganze schon immer ja nur so genannte »DDR« sei vermutlich von Mielke und Markus Wolf nur vorgetäuscht worden, um die Bundesregierung zu desorientieren. Hätte es tatsächlich einmal eine DDR gegeben, dann hätte es ja auch mal den Pfarrer Eppelmann gegeben. Das aber erscheine ihm nach seinem heutigen Wissensstand mehr als unwahrscheinlich. Und daß er in dieser DDR den Dienst an der Waffe verweigert, den Dienst am Schreibtisch als letzter DDR-Verteidigungsminister freiwillig übernommen haben soll, das möge ihm doch bitte mal einer zu erklären versuchen.

Obwohl alle Medien bereits ausführliche Mutmaßungen über das verderbliche Vorleben Herbert Wehners angestellt haben, konnte ihm eine homoerotische Beziehung zu Erich Honecker noch nicht nachgewiesen werden. Aber das ist, nachdem auch Goethes Homosexualität in allen Zeitungen gestanden hat, nur noch eine Frage der Zeit. Frau Seebacher-Brandt jedenfalls ließ durchblicken, daß sie noch immer mehr sagt, als sie weiß. In einem Geheimpapier an den BND soll sie die Vermutung geäußert haben, daß auch Herbert Wehners Witwe intime Beziehungen zu Margot Honecker unterhalten habe. Sie sollen in Bioleks Küche nach den Rezepten der ahnungslosen Frau Herzog gemeinsam Rote Grütze gekocht haben. Ob es sich bei Biolek um den Fernsehkoch handelt oder nur um ein anderes Wort für

Ozonloch, ist nicht sicher. Unsicher ist auch, in wieweit der russische KGB seine Hände am deutschen Kochlöffel hatte. Endgültige Gewißheit werde man erst haben, wenn die Frage beantwortet ist, ob es eine Sowjetunion überhaupt gegeben habe. Jelzin ist der Frage bisher standhaft ausgewichen. Er glaubt nur noch an Gott und sonst gar nichts. Auch daß er einmal Kommunist gewesen ist, glaubt er nicht mehr. Wäre er das gewesen, könnte er heute ja nicht Duzfreund des deutschen Kanzlers sein. Der duzt sich schließlich auch nicht mit Egon Krenz.

Markus Wolf hat auf die Frage, ob es eine Sowjetunion wirklich gegeben habe, diplomatisch geantwortet, er habe sich zeitlebens nur mit den Geheimnissen der russischen Küche beschäftigt. Für alles andere sei Mielke zuständig gewesen.

Pfarrer Gauck äußerte die Gewißheit, daß man, wenn es die DDR nicht gegeben habe, auch keine Sowjetunion brauche. Wichtig sei für ihn nur, daß seine Behörde weiter gebraucht würde. Eine weinende Bürgerrechtlerin, die nicht mehr so genannt werden möchte, weil sich zu viele so nennen, äußerte tiefe Zweifel an der protestantischen Herkunft Joachim Gaucks. Er sei vermutlich ein von der Stasi geklonter Nachfahre eines längst verstorbenen Kardinalinquisitors. Jedenfalls komme er ihr immer spanischer vor. An der theologischen Fakultät der Humboldtuniversität ist inzwischen ein Forschungsauftrag vergeben worden, der die Wandlungsfähigkeit ostdeutscher Pfarrer im Lichte der Wende untersuchen soll.

Bärbel Bohley ließ erklären, sie glaube schon längst nicht mehr alles, was sie wisse. Obwohl sie in einem Rechtsstaat lebt, träumt sie noch immer von Gerechtigkeit. Jetzt fragt sie sich, ob sie vielleicht auch die DDR nur geträumt hat.

Vera Lengsfeld und die mit ihr verbundenen Wiedertäufer haben endgültig zu erkennen gegeben, daß sie nie waren, wofür sie sich selbst einmal hielten – Bürgerrechtler. Der Bürgerrechtler Manfred Kanther jedenfalls zeigte sich erfreut über seine neuen Verbündeten.

Inzwischen hat die Frage, ob es eine DDR gegeben hat, auch zu politischen Konsequenzen in den neuen Bundesländern geführt. Die fünf Ministerpräsidenten verlangten als logische Konsequenz der ganzen Diskussion die Umbenennung der fünf neuen in die fünf gleichalten Bundesländer. Der sächsische Ministerpräsident ließ durch die sächsische Landesmutter erklären, das Haus Biedenkopf sei seit Menschengedenken sächsisches Königshaus. Ulbricht und Honecker könne man genauso vergessen wie die Wettiner.

Auch eine deutliche Mehrheit der östlichen Bundesbürger gab an, von einer DDR weder etwas gesehen noch gehört zu haben. Der eine oder die andere meinte zwar, die Bezeichnung käme ihm oder ihr bekannt vor, ob es sich dabei aber um einen neuen Fernsehsender oder eine japanische Automarke handele, konnte niemand sagen. Allerdings nimmt in letzter Zeit die Zahl der Neubundesbürger wieder zu, die ganz offen von sich selbst behauptet, DDR-Bürger gewesen zu sein. Im Bundesinnenministerium gibt es Überlegungen, solche Extremisten vom Verfassungsschutz beobachten zu lassen und zu einem späteren Zeitpunkt auf die ostfriesischen Inseln abzuschieben. Das aber will CDU-Generalvikar Peter Hintze nicht zulassen. Er fühlt sich den Ostfriesen intellektuell zutiefst verwandt, was die Ostfriesen allerdings für eine Beleidigung halten. Das wiederum hält Hintze für einen dieser ihm ganz und gar unverständlichen Ostfriesenwitze.

Der Kanzler hielt sich, wie das so seine Art ist, aus allem heraus. Erst als ihm Erich Honecker im Traum erschien und ihn zu einem Gegenbesuch in seine himmlische DDR einlud, entschloß sich Helmut Kohl, dem Spuk ein Ende zu machen. Er erklärte die Diskussion für beendet. Das Ganze sei nichts als eine intellektuelle Spinnerei, dieses Gerede über eine angebliche DDR. Er habe seinerzeit ganz Deutschland mit sich vereinigt und sonst gar nichts. Er jedenfalls könne sich an keine DDR erinnern, und wer etwas anderes behaupte, der solle doch nach drüben gehen.

Egon Krenz dankte seinem Kanzler für die richtungweisenden Worte. Nun müsse aber auch endgültig Schluß sein mit einer Siegerjustiz, die noch immer versuche, ihn für etwas verantwortlich zu machen, was es nie gegeben habe.

Zusammenfassend können wir also feststellen, dieser DDR ist es – nehmt alles nur für nichts – gegangen wie einst Brechts sagenhaftem Kathargo: Sie war noch mächtig nach dem 17. Juni, noch bewohnbar nach vierzig Jahren Sozialismus, nicht mehr auffindbar nach der Wiedervereinigung.

DAS ALTE FEINDBILD

Mehr als alle Freundschaft der Welt kann ein gemeinsames Feindbild uns Menschen verbinden. Wie wenig wirkliche Freunde man hat, merkt man erst, wenn das gemeinsame Feindbild plötzlich verschwunden ist, und man mit seinen unzuverlässigen Gefühlen alleingelassen wird.

Als wir uns im Osten noch so schön einig waren gegen DIE DA OBEN, waren wir so etwas wie eine klassenlose Gesellschaft. Schon das gemeinsame Meckern verband uns und schenkte uns viel von der menschlichen Wärme, die wir jetzt so schmerzlich vermissen in dieser kalten Ellenbogengesellschaft. Der Grundkonsensus ist weg. Wie unproblematisch einigte man sich auch noch mit dem unfreundlichsten Taxifahrer, Pförtner oder Gemüsehändler, daß an dem ganzen unfreundlichen Elend das System allein schuld sei. Das unerbittliche Schimpfen auf die allgemeine Unfreundlichkeit schuf eine solidarische Gemeinsamkeit und gab Geborgenheit.

Und da WIR DA UNTEN alle die gleichen politischen Witze erzählten, wähnten wir uns auch alle in gemeinsamem Widerstand gegen DIE DA OBEN – Genosse und Nichtgenosse, Blockfreund und Jugendfreund, Professor und Klempnermeister, Kabarettist und Kabarettbesucher. Und dabei wurde gemunkelt, die schärfsten

Witze kämen von ganz oben. Satirischer Widerstand wurde also auch von denen geleistet, gegen die sich der Widerstand richtete. In Wandlitz wurden die Witze erfunden, die das Volk dann heimlich weitererzählte. Von Herbert Wehner wurde erzählt, er habe Witze gesammelt. Unser Politbüro hat sie gemacht.

Vom Klassenfeind sprach man längst nur noch in Anführungszeichen. Denn – Marx hin, Marx her – daß dieser Klassenfeind die besseren Autos baute, hatte auch die Parteiführung erkannt. Ja, sie übte praktische Kritik an der eigenen Autoproduktion, indem sie sich in aller Öffentlichkeit in Westautos durch den Sozialismus kutschieren ließ. Ich als Nichtgenosse fuhr feige und angepaßt nur Trabant und Wartburg. Jetzt fahre ich mutig und unangepaßt einen durch und durch individuellen Volkswagen der Marke Golf. Zu Trabant und Wartburg allerdings hatte ich ein viel innigeres Verhältnis. Wie oft lag ich darunter, zerlegte liebevoll Lichtmaschine und Vergaser, obwohl ich auch damals wenig vom Auto verstand. Mit dem Golf fahre ich nur so herum, und sollte er einmal nicht mehr fahren wollen, werde ich ihn fremden Mechanikerhänden überlassen und mit Geld bezahlen, was ich früher ohne Sachkenntnis, aber mit viel Liebe selbst ausführte – die Reparatur. Das zwischenmenschliche Verhältnis zum Auto ist in der Freiheit zwar nicht unbekannt. Aber wer schmückt heute seinen Mercedes mit Gardinchen, wie er früher seinen Trabant schmückte. Und wie eng schweißte dieser Trabant früher eine vier- oder fünfköpfige Familie wie die meine zusammen!

Heute sitzt mein ältester Sohn einsam in seinem kalten Japaner und lächelt über den Golf seines Vaters. Eine Klimaanlage ersetzt ihm inzwischen das, was wir früher an menschlicher Wärme im Trabant selbst produzierten.

Und wieviel Freundschaften – zu DDR-Zeiten sorgsam gepflegt – sind inzwischen zerbrochen. Keinen Klempner lade ich mehr zu stundenlangem Kaffeeklatsch zu mir ein. Ich bestelle ihn kühl, er kommt, sieht mich kaum an und repariert. Früher hatte ich ihn liebevoll zu bewirten, und es war nicht sicher, ob er dann auch noch zum Reparieren kommen würde. Das Zwischenmenschliche war dem sozialistischen Privatklempner wichtiger als die kaputte Wasserleitung.

Seit wir alle in der Marktwirtschaft leben, hat sich im Osten die Zahl der praktizierenden Handwerker über Nacht vervielfacht, obwohl die Geburtenrate in den Keller sank. Aber es ist nicht mehr das herzliche Verhältnis zwischen uns. Ich schweige auch nicht mehr so dankbar, wenn sie das tun, was nun mal zum Handwerk gehört – pfuschen. Der Pfusch ist heute viel teurer, aber nicht weniger geworden. Früher war weniger Geld und mehr Liebe zwischen uns. Denn früher war das Material schuld am Pfusch, und am Material war das System schuld, also DIE DA OBEN. Darin waren wir uns immer einig.

So wie die bedingungslose Liebe zum Handwerker ist auch die innige Freundschaft weggebrochen, die mich mit allen verband, die etwas besorgen konnten. An die Stelle tätiger Solidarität – besorgst du mir Fliesen, besorg ich dir Kabarettkarten – ist die kalte Ware-Geld-Beziehung getreten. Selbst seine Miete zahlt heute, wer nur irgend kann. In der DDR hat sie nur bezahlt, wer auch wollte. Insofern herrschte einfach mehr Freiheit. Der größte Vermieter war ja der Staat, also DIE DA OBEN, und gegen die waren nicht nur Andersdenkende oder Wehrdienstverweigerer, sondern eben auch Nichtdenkende und Mietverweigerer.

Mein Freund der Alkoholiker wie auch der nüchterne Arbeitsbummelant verhalfen dem Primat der Menschenliebe vor der Ökonomie zum Durchbruch. Und wäre die Wirtschaft nicht zusammengebrochen, die Liebe hätte ewig währen können.

In der DDR machten wir ernst mit dem Bibelsatz: Liebet eure Feinde. Ja, man kann sagen, niemand wurde mehr geliebt als der Klassenfeind, wenn er als Onkel, Tante, Cousin oder Freund über die Grenze brachte, was wir entbehrten – Erdbeeren im Winter, Kerzen zur Adventszeit oder die Bildzeitung zu jeder Jahreszeit. Es war so einfach, uns eine Freude zu machen und also unser Freund zu werden. Seit sich der Osten aufgelöst hat, ist hier überall Westen, aber es kommt kein Westbesuch mehr.

Dafür haben wir jetzt endlich, was uns die Kommunisten theoretisch zu vermitteln versuchten – den praktischen Klassenfeind. DIE DA DRÜBEN sind als Feindbild genauso praktisch, wie es einst DIE DA OBEN waren. Wir nennen einander zwar nicht mehr Klassenfeinde, behandeln einander aber endlich so.

Und dieser Wandel erfolgte ausschließlich durch Annäherung.

VON LIEBE UND FREUNDSCHAFT

Wenn ein deutscher Präsident – befragt, ob er sein Vaterland liebe – antwortet, er liebe seine Frau, dann ist das für einen deutschen Präsidenten auf jeden Fall sehr originell. Nicht sicher ist, ob es auch die Wahrheit ist. Denn nirgendwo wird so viel gelogen wie in der Liebe. Der Liebesschwur ist die geläufigste Art des Meineids, und wer da behauptet, er habe ihn nie geschworen, der lügt gewiß nicht zum erstenmal. Die gängigsten Lügen reichen von »Du, du, nur du allein« bis »Ich liebe alle Frauen«. Beide Behauptungen sind ganz und gar unhaltbar und werden doch seit Menschengedenken immer wiederholt und – das ist das Tragische am ganzen heiteren Liebesspiel – auch immer wieder geglaubt.

Die erwiesenermaßen glaubhafte Liebe zum Geld hingegen – und seit dem ersten Juli 1990 wissen auch wir ungeliebten Ostdeutschen, wie heiß diese Liebe brennen kann – wird kaum besungen. Sie wird allenfalls beklagt und zwar bezeichnenderweise meist von denen, deren Liebe vom Geld einfach unerwidert bleibt. Dabei kenne ich nur wenige Menschen, die nicht bereit wären, ihrem Geld die ewige Treue nicht nur zu schwören, sondern auch zu halten. Aber wem von uns würde es einfallen, sein Konto anzusingen »Du, du, nur du allein« oder angesichts ewig schwankender Wechselkurse »Ich liebe jede Währung«? Nein, so selbstverständliche Leidenschaften behält man lieber für sich.

Noch schlimmer ist es mit der anderen wahren Liebe – der Liebe zur Macht. Lieber gibt man sadomasochistische Neigungen zu, als sich zu dieser auch im Alter nicht abnehmenden Leidenschaft zu bekennen. Auch wo die Machtgier schon leidenschaftliche Blasen schlägt, spricht man noch fromm vom Gestaltungswillen. Kein Bonner Hähnchenkampf wird ausgetragen ohne die strikte Behauptung, es ginge nur um die Sache, nicht um Personen, schon gar nicht um die eigene. Dabei geht es in der Politik fast nur noch um Personen, und zwar vornehmlich die eigene. Ganz früher sang man auch: »Ja, die Liebe hat bunte Flügel.« Aber das ist bekanntlich kein deutsches Lied, und als es geschrieben wurde, kannte man auch noch nicht jenen ersten deutschen Arbeiter- und Bauernstaat, der von seiner gesamten Bevölkerung behauptete, sie sei in Liebe zu ihm entbrannt, zum sozialistischen Vaterland nämlich.

Auch wenn von dieser Liebe nichts zu merken war, konnte man überall von ihr lesen und hören. Diese Liebe war in etwa so leidenschaftlich wie ein Parteitagsreferat des ebenso leidenschaftlichen wie sprachgewaltigen Generalsekretärs Erich Honecker. Immer wieder versicherte er sich und seiner Partei, daß das Volk ihn, seine Partei, den Sozialismus im allgemeinen und das Politbüro im besonderen liebe. Was immer wir im Osten taten, wir taten es aus Liebe zu unseren Errungenschaften, zu deren wichtigsten eben die Liebe gehörte. Und diese, unsere Liebe blieb nicht unerwidert. Noch ganz zum Schluß rief uns unser oberster Geheimnisschützer sein letztes Geheimnis zu: »Ich liebe euch doch alle.«

Neben dieser alle und alles umfassenden Liebe zum Bestehenden in den Grenzen von 1949 beziehungsweise 1961, gab es auch noch die unverbrüchliche Freundschaft zur ruhmreichen Sowjetunion. Eine ebenso unverbrüchliche Freundschaft verband uns mit China von 1949 bis etwa 1959 und dann noch einmal kurz, aber ewig unvergeßlich im Juni 1989. Mit der großen Sowjetunion verband uns außer dem Freundschafts- auch noch ein heftiger Bruderbund. Während wir im Westen also Brüder und Schwestern hatten, saßen im Osten nur diese Brüder. In einem der zahllosen Witze zum Thema wurde gefragt, warum die Sowjetmenschen (Wer hätte damals gewagt zu sagen, daß die meisten von ihnen nur Russen waren?) unsere Brüder, nicht aber unsere Freunde sein müßten. Die Antwort war einfach und einleuchtend: Freunde kann man sich aussuchen. Ich erspare mir den Hinweis auf die Wiederverwendbarkeit jedes alten Russenwitzes auf die deutsch/deutschen Verhältnisse der Gegenwart.

Die im unverbrüchlichen Bruderbund an uns geketteten Russen jedenfalls hießen nur »die Freunde«, und selbst unter Genossen wurden die Anführungszeichen mitgesprochen. Private Kontakte waren sehr selten. Sie waren nämlich unerwünscht, wenn nicht sogar verboten. Man sah die »Freunde« auf der Straße meist in uniformierten Gruppen und roch sie auch als zivile Reisegruppen an ihrem unverkennbaren »Russenparfüm«.

Russisch war erste Fremdsprache in unseren Schulen. Aber die Art Sprache, die wir dort erlernten, war nicht gemacht, um sich in ihr unterhalten zu können. Das war ja auch nicht vorgesehen. Wir lernten Prawda lesen, also die russische Version des Parteichinesisch.

Das war nicht immer so. Aber je enger und unverbrüchlicher der Bruderbund, desto sowjetischer wurde unser Schulrussisch. Eventuelle freundschaftliche Gefühle, die man trotz des Bruderbundes für die Sowjetmenschen empfand, waren in der Gesellschaft für Deutsch-Sowjetische Freundschaft bei der Beitragskassierung auszuleben. Der normale Beitrag zur Freundschaft bestand aus kleinen Marken, die hinten anzulekken waren. Laut DDR-Lexikon handelte es sich hierbei um eine der größten politischen Massenorganisationen der DDR. Deutsch-Sowjetische Freundschaft war, abgesehen von der Beitragszahlung, eine öffentliche Bekundung unter Ausschluß jeder privaten Berührung.

Eine andere politische Massenorganisation in der DDR war die Freie Deutsche Jugend, deren Mitglieder, auch wenn sie die vierzig längst überschritten hatten, Jugendfreunde genannt wurden, und deren offizieller Gruß »Freundschaft« hieß. Und die Genossen der Parteiführung, allesamt in der Nähe des Rentenalters oder weit darüber hinaus, waren selbstverständlich Freunde der Jugend. Ihr bester Freund aber war Erich Honecker, was er selbst immer wieder gern betonte.

Ich war zehn Jahre lang Schauspieler und Regisseur am Berliner Kindertheater, das – wie könnte es anders sein – »Theater der Freundschaft« hieß. Ja, es war ein

Theater um die Freundschaft und die Freunde in der DDR. Von all diesen Freunden und Freundschaften ist nicht einmal der Name geblieben. Am wenigsten von den Blockfreunden. So nannte man nämlich die Mitglieder der Blockparteien – CDU, LDP und was es so an Freunden des Widerstands gab in der DDR. Selbst das harmlose »Theater der Freundschaft« hat seinen Namen abgelegt und heißt nun demokratisch-pluralistisch carrousel-Theater. Als ich ein paar meiner alten Freunde, die noch an diesem jetzt ganz neuen Theater arbeiten, nach dem Grund der Umbenennung fragte, zuckten sie etwas ratlos mit den Schultern. Dann sagten sie etwas von einem freundschaftlichen Rat irgendwelcher neuen Freunde des alten Theaters. Manchmal beschleicht mich heute das Gefühl, wir sind 1989 hauptsächlich auf die Straße gegangen, damit diese wie so vieles andere umbenannt wird.

Auch ich habe nach der Wende einige neue Freunde kennengelernt, die mich hier und da beraten, damit ich mich zurechtfinde in der nun demokratischen Bürokratie, die in ihrem Pluralismus alles in den Schatten stellt, was die Diktatur so an Bürokratie hervorgebracht hatte. Der wichtigste unter diesen neuen Freunden, auf den man, auch wenn man wollte, nicht verzichten kann, ist mein Steuerberater. Aber der bekommt in diesem Buch ein ganzes Kapitel für sich. Denn ein Steuerberater ist für unsereinen heute ein Kapitel für sich.

Nicht nur der ewige Bruderbund ist zerbrochen, auch so manche private Freundschaft hat die Wende nicht überlebt, von zerrissenen Familienbanden gar nicht zu reden. Wie viele Freundschaften wurden nur vom gemeinsamen Feindbild zusammengehalten, und wieviel neue Feindschaft wächst aus den Ruinen zerstörter Freundschaften? Da hatten wir alle – Ost- und Westfreund – dem einen Gorbatschow zugejubelt, und ich hatte allen Ernstes geglaubt, nun würden aus »den Freunden« endlich Freunde. Wir im Osten nehmen den Russen vermutlich einfach übel, daß wir ihnen vierzig Jahre zugejubelt haben. Und im Westen kennt man den Russen ohnehin aus eigener Anschauung, die die Bildzeitung vermittelt hat.

Am 7. Mai 1995 war ich in Potsdam zu einem Vortrag meines Freundes Friedrich Schorlemmer. Wir sind wohl wirklich Freunde, denn er erträgt es, daß ich Atheist bin, wie ich nichts dagegen habe, daß er Christ ist und uns alle gern bekehren würde. Er sprach darüber, daß für ihn der 8. Mai ein Tag der Befreiung war, und hatte alle guten Argumente auf seiner Seite. Es war die beste Rede, die ich zu dem Thema kenne, und Weizsäckers Rede damals war ja auch nicht schlecht. Der Beifall für Schorlemmer war lang und herzlich, die Diskussion danach war kurz und tat sehr weh. Zunächst wollte keiner sprechen, wohl weil alle fanden, Schorlemmer hätte alles gesagt.

Doch plötzlich erhob sich eine ältere Dame. Wäre sie mir zu DDR-Zeiten begegnet, ich hätte auf DFD-Funktionärin getippt. Demokratischer Frauenbund Deutschlands – auch eine unserer großen Massenorganisationen. Die Frau sagte in jenem konsequent parteilichen Ton, der noch in keinem Westfilm richtig getroffen wurde:

»Befreiung? Einverstanden. Aber doch nicht von den Russen. Die sind doch kein Kulturvolk wie wir und die Amerikaner und die Engländer. Wie sind die denn über die zivilisierte deutsche Frau hergefallen? Wie die Barbaren!«

Nun half kein Argument mehr. Die Frau aus Potsdam (vielleicht sogar einst Mitglied der Deutsch-Sowjetischen Freundschaft – man mußte ja, es war doch alles Zwang) rief immer wieder dazwischen – sie kenne den Russen, und er sei nun mal Barbar und kein Kulturmensch.

Danach, die Diskussion mußte wegen Sinnlosigkeit abgebrochen werden, sagte ein anderer Freund – Dieter Hildebrandt – resigniert lächelnd zu mir: »Jetzt konntest du eben die ganze Vergeblichkeit unseres Berufes studieren.«

Ob nun der predigende Satiriker oder der satirisch-ironische Prediger – vor so viel Sicherheit des Vorurteils sind wir machtlos. Gegen Vorurteile kann man nicht Berufung einlegen. Sie sind in jedem Fall die letzte Instanz.

Vom ewigen Bruderbund und der unverbrüchlichen Freundschaft ist es nur eine halbe Umdrehung zur Barbaren- und Unmenschenschelte. Denn beide sind ganz und gar anonym – der ewige Freund wie der ewige Barbar. Götzen – die guten wie die bösen – darf man gar nicht kennen. Denn kein Götze hält, was er verspricht. Freunde aber muß man wohl kennen, auch oder gerade auf die Gefahr hin, daß sie dem erhofften Ideal so gar nicht entsprechen.

Von Potsdam und Berlin ist es nicht weit zur polnischen Grenze. Und wenn ich die Festreden zur deutschpolnischen Annäherung, Freundschaft gar höre und sie vergleiche mit dem, was sich hier und da an dieser ehemaligen »Friedensgrenze« noch abspielt, dann denke ich: Mit der Freundschaft ist es wohl wie mit der Liebe – muß man machen, muß man nicht ewig drüber reden.

MEINE ALTEN KOLLEGEN

Oft war unsere Freundschaft nicht mehr als ein Zweckbündnis gegen die Zensur. Als sich die Zensur grußlos verabschiedet hatte, liefen wir noch ein Weilchen gemeinsam-verwirrt den sich überstürzenden Ereignissen hinterher. Die klassische DDR-Pointe, die eben noch das ewige Überleben zu haben schien, war über Nacht zum Uralt-Kalauer geworden. Die neuen Pointen telefonierten wir einander zu, denn was wir heute noch für einen Witz hielten, konnte morgen schon voller Ernst geworden sein. Gemeinsam – hofften wir – schnell genug zu sein, um abends auf der Bühne zu kommentieren, was morgens auf der Straße geschehen war.

Die Straße war schneller. Wir gehörten zu den ersten, die unter dem Ast lagen, an dem sie so lange gesägt hatten. Also taten wir es wie alle – wir suchten nun auch dort Hilfe, wo für den Osten plötzlich die Sonne aufging – im Westen. Für unsere Westkollegen war ja die ganze Freiheit ein alter Hut. Wenn sie jetzt cool, wie wir das nie gelernt hatten, auf unsere Bühnen traten, dann jubelte ihnen das Publikum schon deshalb zu, weil sie so schön locker aus der Hüfte schossen, wo wir erst lange zielten, um bloß nicht den Falschen zu treffen. Während wir – noch im Kollektiv – jede Pointe auf Richtigkeit und Genauigkeit prüften, schossen sie frisch-fröhlich um sich, und das Publikum bog sich vor Lachen und Respekt vor so viel Respektlosigkeit.

Nur einer, ausgerechnet ein besonders enger Freund und Kollege, weigerte sich ausdrücklich, jetzt in den Osten zu kommen, obwohl er doch vorher gern gekommen war – Werner Schneyder. Als Österreicher schien er den DDR-Behörden ein weniger gefährlicher Klassenfeind zu sein als die Westdeutschen. Jedenfalls war er schon mehrmals, einmal sogar mit Dieter Hildebrandt, in der DDR aufgetreten. Jetzt aber warnte er mich geradezu vor sich und seinesgleichen. Wir sollten doch erstmal versuchen, unsere Sache selbst zu bestimmen und uns nicht schon wieder etwas vormachen lassen von anderen. Ich habe lange Zeit gebraucht, um zu verstehen, was er meinte. Heute weiß ich, solche wie ihn gab es zu wenige. Und bei uns gab es zu viele, die nun alles Heil aus dem Westen erwarteten.

Wie oft stand ich neidisch, aber auch etwas ratlos hinter der Bühne, wenn das Publikum dem groben Keil aus dem Westen zujubelte, während unsere an der Zensur fein geschliffene Klinge allenfalls freundlich belächelt wurde. Unser wunderbares Publikum, das eben noch begeistert auch den verstecktesten Ost-Witz entdeckt und belacht hatte, schien nur noch auf westlichen Klartext reagieren zu wollen.

Entschädigt allerdings wurden wir vom Westpublikum, das nun fast ebenso neugierig, manchmal sogar begeistert, auf das reagierte, was es jetzt von uns zu sehen und zu hören bekam. Es war die Zeit, da wir noch nicht alles voneinander wußten und das andere am anderen nicht so verwerflich fanden wie heute. In Stuttgart sagte uns ein Zuschauer nach der Vorstellung etwas erstaunt, aber durchaus nicht ablehnend: »Sie machen ja Kabarett mit Inhalt.«

Der deutsch-deutsche Verständigungsprozeß wurde zum kurzen Prozeß. Die Verhältnisse normalisierten sich, und Ost und West begegneten einander schon bald wieder ganz normal von Feind zu Feind.

Im Westen wurde dem Feind aus dem Osten zunächst nur mit Gähnen begegnet. Damals ahnte man ja noch nicht, was das wiedervereinigte deutsche Dilemma noch kosten würde. Lafontaine hatte es zwar gesagt, aber er kam wie Honecker aus dem Saarland, und so einem glaubt man einfach nicht. Als man ihm dann geglaubt hätte, war Kohl schon längst wieder Kanzler. In der SPD tobte indessen der Kampf um den farblosesten Spitzenkandidaten, den dieser schließlich auch gewonnen hat. Während man im Westen noch gelassen gähnte, brach im Osten das jähe Entsetzen aus. Eben hatte man noch jeden großen und kleinen Betrüger aus dem Westen – ich spreche jetzt nicht von unseren Kabarettkollegen – als Befreier und selbstlosen Entwicklungshelfer umarmt und gefeiert. Kaum fühlte man sich das erstemal betrogen oder war es wirklich, so hielt man von nun ab jeden, der von drüben kam, auch den Gutwilligsten, für einen mehr oder weniger großen Gangster.

Der eben noch vor sich selbst geflohene DDR-Bürger suchte jetzt, da es die DDR nicht mehr gab, nach dem, was er eben noch abschütteln wollte – nach seiner Identität. Es war doch nicht alles schlecht in der DDR, sagte man damals, und je mehr diese DDR in Vergessenheit gerät, desto harmloser will sie uns nachträglich scheinen. Und so mancher fragt heute schon: Was war eigentlich schlecht an der DDR?

Waren wir zu Diktaturzeiten auf die Straße gegangen, um die Diktatur zu stürzen, so gingen wir in der Freiheit auf die Straße, um das zu retten, was man uns auch noch nehmen wollte – das Sandmännchen und den grünen Pfeil.

Auch bei uns im Kabarett suchte man nun wieder das Vertraute, nach dem sich das Neue zwar als neu, aber nicht unbedingt besser herausgestellt hatte. Westgäste hatten plötzlich einen schweren Stand auf unseren Kabarettbühnen. Selbst die wunderbare Lore Lorentz bekam diesen Stimmungsumschwung im Osten zu spüren, als sie bei uns in der Distel gastierte. Wäre sie nur ein paar Monate früher gekommen, die Zuschauer hätten sich um die Eintrittskarten gerissen. Jetzt war nicht einmal das Parkett so richtig besetzt. Aber zur Ehrenrettung derer, die gekommen waren, muß man sagen, daß sie die Lorentz so feierten, wie sie es verdient hatte, obwohl sie doch aus dem Reich des bösen Westens gekommen war.

Wir Ostkabarettisten hatten einander inzwischen ein wenig aus den Augen verloren. Aus dem gemeinsamen Wettlauf mit der rasenden Zeit war – die Marktwirtschaft hielt unerbittlich Einzug – eine Rette-sich-wer-kann-Bewegung geworden. Die Existenzangst ging um. Sehr schnell begann gerade das, was uns einte, die gemeinsame Vergangenheit, zum wunden Punkt zu werden, der uns entzweite.

Als ich Anfang des Jahres 1992 in München war und Dieter Hildebrandt traf, wunderte ich mich darüber, wie kühl er mir jetzt begegnete. Bisher war unser Verhältnis immer herzlich gewesen. Wir hatten uns gleich nach der Wende darauf geeinigt, nicht zusammenwachsen zu wollen, weil der Mensch nicht so schnell zusammenschmeißen soll, was Gott getrennt hat aufwachsen lassen. Sollte uns nun auch der Ost-West-Konflikt ereilt haben? Es war aber – wie sich schnell herausstellte – eher ein Ost/Ost Konflikt, der nun zwischen uns stand. Als ich Dieter Hildebrandt fragte, was er plötzlich gegen mich habe, antwortete er, er könne uns Ossis alle nicht mehr ausstehen, weil wir so schlecht über einander redeten.

Das stimmte leider. Der Verlust des die DDR regiert habenden Feindbildes und die schleichende Erkenntnis der eigenen Gewöhnlichkeit waren deprimierend. Wer von uns war schon ein Held gewesen, und wieviel wollten es nun wenigstens nachträglich gewesen sein? Wenn man aber nicht Held war, wollte man doch wenigstens Opfer derer gewesen sein, die einen am Heldsein gehindert hatten. Aus schlummernden privaten Rivalitäten erwachten nachträglich politisch motivierte Feindschaften. Jede mißglückte Karriere wurde zu einer politischen Opfergeschichte. Bürgerrechtler warfen denen, die ihnen zu DDR-Zeiten zur Ausreise verholfen hatten, nun vor, sie um die ihnen zustehende Haft im DDR-Gefängnis betrogen zu haben. Ein gnadenloser sächsischer Pfarrer, der wie viele seiner Amtsbrüder in die Politik gewechselt hatte, entlarvte vor unser aller erschreckten

Fernseh-Augen seinen Psychiater als den Verursacher seiner psychischen Erkrankung in der DDR. Das machte damals dicke Schlagzeilen. Die Dementis werden kaum noch gedruckt. Das öffentliche Interesse an solchen ollen Kamellen hat nachgelassen.

Ich hatte selbst viele solche, vergleichsweise harmlosen Geschichten von Kollegen über Kollegen gehört. Den Verdächtigten, die sich ja gegen Gerüchte schlecht wehren konnten, hab ich immer geraten gar nicht zu antworten. Zu Schlammschlachten gehören auf Dauer immer zwei. Und dann erinnerte ich immer an den, allerdings zynischen Grundsatz, der aus Amerika kommen dürfte: Egal, was über mich in der Zeitung steht, Hauptsache, der Name ist richtig geschrieben. Ich hatte gut reden, über mich stand ja bisher nichts Böses in den Zeitungen.

Ich war mir ganz sicher, über mich könnte es solche Geschichten gar nicht geben. Als ich Hildebrandt das sagte, fragte er nur, ob ich sie hören wollte. Nein, das wollte ich nicht. Also gingen wir Rotwein trinken und sprachen, vertraut wie früher, über Wichtigeres – über eigenes Versagen und das bißchen Mut, das man überall und immer braucht und nicht immer und nicht überall hat, aber immer und überall gehabt haben möchte.

Denunzianten haben in unsicheren Zeiten immer Konjunktur, und gerade als das große Buch der Stasi-Denunzianten aufgeschlagen wurde, war des Denunzierens kein Ende. Seitdem werde ich die Frage nicht los, ob denn der Denunziant eines Denunzianten nicht auch ein Denunziant ist. Ja, ich weiß, man soll nicht Opfer und Täter in einen Topf tun. Aber wenn sie doch so oft aus demselben Topf kommen? Wenn die Gerechten allzu selbstgerecht auf die Ungerechten einschlagen, dann will mir das einfach nicht als Sieg der Gerechtigkeit erscheinen. Strafe muß sein, sagte das Opfer zum Täter und erschoß zuerst ihn und dann sich selbst. Wenn schon, denn schon.

Zum Glück schießen meine Freunde, die alten Kollegen, höchstens verbal aufeinander. Wer nicht direkt getroffen wird, wendet sich gelangweilt ab. Kantinentisch und Stammtisch haben zweierlei gemeinsam: das intellektuelle Niveau und die ungebrochene Gewißheit, auf der richtigen Seite zu stehen. Der Wechsel von der einen richtigen Seite zur anderen richtigen Seite erfolgt meist übergangslos, ohne jeden Bruch.

Da verkündet der eine, inzwischen recht prominent gewordene Kollege, er habe sich nie wenden müssen, weil er schon immer »dagegen« war. Das sagt er nicht einfach im stillen Kämmerlein, sondern an jedem öffentlichen Stammtisch, wo alle mithören und mitlesen können, die ihn von früher kennen. Und er müßte doch wissen, daß wir wissen, daß er nicht nur in der Partei war – was sagt das schon? Er war auch mal Parteisekretär und müßte sich doch auch erinnern, was er uns im Auftrage seiner Partei bei diesem oder jenem Programm geraten hat: Eben diesen Rat der Partei lieber nicht in den Wind zu schlagen.

Daß wir uns recht verstehen, ich werfe ihm nicht seine treue Parteivergangenheit vor. Aber ich werfe ihm den heutigen Umgang damit vor.

Da ist auf der einen Seite das Jagdfieber der unerbittlich verfolgenden Unschuld und auf der anderen Seite die Unschuld vom Stande der Amnesie total. Man müßte die alte DDR-Losung »Wo ein Genosse ist, da ist die Partei« heute umschreiben: Wo früher die Partei war, ist heute kein Genosse mehr.

MEIN PRÄSIDENT

Als im Dezember 1989 der französische Präsident François Mitterand nach Ostberlin kam, rief mich das französische Fernsehen an, um mich zu einem Frühstück mit dem Präsidenten einzuladen. Ich fühlte mich durchaus geehrt, fragte aber vorsichtshalber zurück, wann der Präsident denn so zu frühstücken gedenke. Sieben Uhr dreißig. Da bedauerte ich unendlich. So früh ist mit mir nicht gut frühstücken. Am andern, dem französischen Ende der Leitung, herrschte einen Moment verblüfftes Schweigen. Dann, als habe ich ganz gewiß nur etwas mißverstanden, sagte die Stimme: Der Herr Präsident der Republik Frankreich lädt ein ... Und das klang schon eher nach Sonnengott und nach Befehl beziehungsweise Befehlsverweigerung auf meiner Seite. Aber so kurz nach einer Revolution – ich glaubte immer noch, daß es eine war – gibt man nicht gleich wieder klein bei. Nein, um die Zeit frühstücke ich auch mit Präsidenten nicht.

Es war nicht nur mein nachrevolutionärer Trotz, es war auch meine deutsche demokratische Unsicherheit im Umgang mit Präsidenten, die mich auf das Frühstück verzichten ließ. Was weiß denn ich, wie man sein Frühstücksei aufschlägt, wenn der französische Präsident mit am Tisch sitzt. Wie ich nachher im Fernsehen beobachten konnte, wußten das auch einige meiner miteingeladenen ostdeutschen Landsleute nicht. Und was hätte ich denn sagen sollen, wenn er zufällig sein Präsidentenwort an mich gerichtet hätte? Mein Französisch habe ich in Brüsseler Bierkneipen gelernt. Und da lernt man nicht mit Präsidenten zu reden.

In der DDR hatten wir nur einen Staatsratsvorsitzenden und viele, viele kleine Präsidenten. Jeder Verein, auch wenn er sich Künstlerverband nannte, hatte so einen Präsidenten, dazu mehrere Vizepräsidenten und noch mehr Präsidiumsmitglieder. Ich war in so einem Verband, und da er besonders klein und unwichtig war, brachte ich es ohne eigenes Zutun zum Präsidiumsmitglied. So kam es, daß ich einen Präsidenten näher kennenlernte.

Er war ein besonders schönes Exemplar seiner Gattung. Wie gesagt, der Verband war ziemlich unwichtig. Unseren Präsidenten aber umgab immer eine Aura äußerster Wichtigkeit. Wo auch immer er auftrat, und bei ihm war jeder Schritt ein Auftritt, schwang irgendwas Bedeutendes mit. Er war nämlich Schauspieler. Nun gilt für Schauspieler, wenn sie auf der Bühne stehen, der Grundsatz: Den König spielen immer die anderen. Unser Präsident spielte sich und seine Bedeutung ganz allein.

Mit wehendem Präsidentenmantel, den er meist locker über die Schultern gehängt hatte, das führende Lächeln des Eingeweihten auf den Lippen, im Blick dieses strahlende Lächeln, das eiskalt werden konnte, wenn er vom Klassenfeind und dessen anhaltender Schlaflosigkeit sprach. So ist er mir in Erinnerung.

Als ich noch Kind war, hatte er dieses Strahlen bereits in einem sozialistischen Heldenfilm ausgesendet. Mir ist unvergeßlich, wie er mit diesem unbeugsam optimistischen Blick auf Hamburgs Barrikaden den Feind zumindest moralisch besiegt hatte. Wer so guckt, ist immer auf der richtigen Seite. Kein Gott, kein Kaiser, kein Tribun, mit dem er nicht zu siegen bereit gewesen wäre. An welchem Rednerpult, auf welcher Bühne, in welchem Film ich ihn dann auch noch sah, immer warb er strahlend um Vertrauen für sich und seine Sache. Und manchmal waren beide – er und seine Sache – gar nicht mehr zu unterscheiden. Schaut her, ich bins, schien er zu sagen, und der Sozialismus bin ich.

Welche Funktionen und Rollen er im Laufe der vielen DDR-Jahre auch spielte – denn auch die Funktion war für ihn Rolle –, er spielte sie alle zwar nicht immer überzeugend, aber doch überzeugt. Er spielte immer sich selbst, denn er selbst war ja Rolle. Parteiarbeiter Striese. Im Moment, da er sprach, glaubte er sich alles.

Kürzlich sagte er in einem Zeitungsinterview, denn nach kurzer Pause gibt er wieder Interviews, er habe sich auf der Bühne von den Frustrationen des politischen Lebens erholt. In Wahrheit aber – und ich konnte ihn lange genug beobachten – hat er die Bühne nie verlassen. Ihm war alles Rolle. Er war nicht, er spielte.

Auch wenn er eigenen Text sprach, sprach er ihn wie der Schauspieler, der so tut, als ob ihm der Text gerade erst eingefallen sei. Dabei war auch der eigene Text gut gelernt und allen bekannt. Alles an ihm war als ob. Als sein Haar schütter geworden war, legte er das verbliebene Seitenhaar so übers kahle Haupt, daß es aussah, als ob er eine Perücke trüge. Auch das Echte an ihm wirkte künstlich. Ich kenne viele Schauspieler, die auch im Privatesten ihren Beruf nicht verleugnen können. Neulich erzählte mir eine Freundin lachend, wie sie einst ein berühmter Schauspieler aufs Linnen ziehen wollte, indem er ihr bei Sekt und Schummerlicht Tucholsky und Kästner rezitierte. Mein Präsident rezitierte immer. Am falschesten aber klang seine Stimme, wenn sie herzlich wurde. Dann wurde mir kalt.

Zum letztenmal sah ich ihn, als wir uns in der Nähe des Berliner Alexanderplatzes am 4. November 1989 zu unserer großen Demonstration versammelten. Bis zur letzten Minute hatte er versucht, diese Demonstration zu verhindern. Nun tauchte er da aus dem Fußgängertunnel am Alexanderplatz auf, mit dem scheuen Blick des verstoßenen Sohnes, der, wenn schon nicht voran, dann doch wenigstens der Zeit hinterherlaufen wollte. Es war zwar nicht sein Stück, das hier gespielt wurde, aber hier wurden eventuell die Rollen neu verteilt. Und warum sollte für ihn, den Allesspieler, nicht auch eine neue Rolle dabeisein? Aber das Publikum hatte sich längst gegen ihn entschieden. Keiner beachtete ihn mehr. Vorhang. Kein Applaus.

Wenn jetzt die Rede auf ihn kommt – und hin und wieder reden wir noch von ihm –, dann werden sehr böse, aber auch sehr komische Geschichten erzählt. Manchem von uns hat er ja mit seiner führenden Rolle auch ganz schön mitgespielt. Er war im schlechtesten Sinne volkstümlich. Da er einfach allen gefallen wollte, tümelte er nach oben und nach unten. Aber wenn es darauf ankam, siegte der Berufskommunist – so nannte er sich selbst – über den Künstlerpräsidenten. Heraus kam ein Provinz-Philipp von Spanien, der mit dem Pathos eines Marquis Posa Einsicht in die Notwendigkeit forderte, auch noch die letzte Gedankenlosigkeit der Partei zu begrüßen.

Natürlich spielte er weiter Theater, als ihm die Rolle des Präsidenten abgenommen worden war. Und nun kam er, der immer zu den ersten gehört hatte, die in der DDR das jeweils neue Prominenten-Auto aus dem Westen fuhren, in einem nagelneuen Trabant ins Theater. Befragt, was ihn veranlassen konnte, ausgerechnet jetzt in diese Pappschüssel umzusteigen, meinte er sehr ernst, wir müßten jetzt eben alle mit der neuen Zeit gehen.

Das allerdings wäre nun wirklich eine ganz neue Zeit gewesen, in der die Präsidenten dieser Welt in den Trabant und das Volk in den Mercedes umsteigen. Aber neue Zeiten sind nun mal kurz, und auf die letzte, kurze neue Zeit folgte die alte Wende zum Bewährten. Mein Freund, der Präsident, ist längst wieder, was er immer war: Schauspieler mit Leib und Seele. Ich weiß nicht, welches Auto er heute fährt. Aber es dürfte mindestens ein großer Japaner sein von der Marke Consul oder Präsident.

DER ZENSOR

Er hatte viele Gesichter und viele Namen. Nur einen Namen hatte er nie: Zensor. Oft gab er sich als besorgter Freund, der mich vor Schlimmerem bewahren wollte. War ich allzu uneinsichtig, konnte er ebenso unerbittlich werden. Dann handelte er im Klassenauftrag, und das hieß, er ließ nicht mit sich handeln. Miene und Wortwahl wurden prinzipiell. Ich war ein für allemal durchschaut, und es war nur noch eine Frage des Zeitpunktes, daß ich entlarvt würde als das, was ich schon immer war: ein Klassenfeind.

Tags darauf konnte es geschehen, daß mich derselbe Genosse plötzlich ganz einfach von Mensch zu Mensch ins Vertrauen zog, um mir mitzuteilen, wie er sich bei seinen Vorgesetzten für mich eingesetzt hätte. Ohne ihn – und da sollte ich mir nur keine Illusionen machen – wäre mein freches Maul längst gestopft.

Gern trat der Zensor und Beschützer auch als verhinderter Kollege auf. Hätte er nicht die unerläßliche Parteiarbeit zu leisten, er würde selbst Satiren schreiben, die alles in den Schatten stellten, was unsereins so kritisierte; beispielsweise würde man sich endlich einmal die nicht länger hinzunehmende Stumpfheit der Messer in unseren Gaststätten vornehmen. Solche Kritik wäre bei aller Schärfe doch produktiv und überprüfbar, also nicht so allgemein und zersetzend wie das, was ich so schreibe.

In den sechziger, siebziger Jahren war das stereotype Argument fast aller Zensoren: »Das stimmt doch einfach nicht. So kann man das nicht sehen.« Später hieß es dann wesentlich ermutigender: »Natürlich stimmt das. Aber gerade deshalb kann man das unmöglich sagen. Ich säge doch nicht selbst an meinem Stuhl. Das tun schon so viele andere.«

Das war die perfideste Art Zensur zu üben – wenn der Zensor nämlich zu verstehen gab, daß er ganz meiner Meinung wäre, aber selbst Kopf und Kragen riskierte, wenn er durchließe, was ich geschrieben hatte. Denn mir würde ja kaum etwas geschehen. Er dagegen hätte alles zu verantworten. So ungefähr war es ja auch. Die Funktionäre trugen Verantwortung für Dinge, für die sie gar nichts konnten. Für Bilder, Bücher, Sinfonien und Theaterstücke, die sie nie hätten malen, komponieren oder schreiben können, da es ihnen einfach an Talent fehlte. Wo beim Künstler das Talent vermutet wird, muß bei ihnen wohl das Verantwortungsgefühl gesessen haben, mit dem jeder Zensureingriff begründet wurde. Mit diesem Verantwortungsgefühl hatten sie zu entscheiden, welche Kunst man dulden und welche man verbieten müßte. Zensur in der DDR war die reine Gefühlssache. Was heute richtig und gut war, konnte morgen falsch und schädlich sein und umgekehrt. Es gab damals die schöne Geschichte von dem unzuverlässigen Genossen Abweichler, der immer seinen geraden Weg ging und gar nicht merkte, daß die Partei gerade mal wieder in einer der zahlreichen Seitengassen abgebogen war. In welche Seitengasse die klare Linie der Partei am nächsten Tage führen würde, das mußte so ein Zensor kraft seines Verantwortungsgefühls erahnen.

Keinen aber hatte so ein Zensor mehr zu fürchten als seinen Genossen, den anderen Zensor. Und Zensor konnte bei uns fast jeder sein. So wie der selbsternannte Rechtgläubige heute noch frei und öffentlich entscheidet, was Gotteslästerung ist, entschied damals jeder eingeschriebene Genosse, was er für Konterrevolution hielt in der Kunst. Das gab er dann als Eingabe an Partei und Regierung weiter. Zwar wurden nicht immer und nicht alle Eingaben ernstgenommen. Wenn aber ein führender Genosse – und führend konnte ein Genosse schon auf ziemlich unterer Ebene sein – in einem zugelassenen Kabarettprogramm ein konterrevolutionäres Haar fand, konnte das üble Folgen haben für den, der da sein placet gegeben hatte.

Da wurde zuerst mal gefragt, wer hat das zugelassen, nicht wer hat das geschrieben, inszeniert, gespielt? Als in Leipzig einmal ein Programm der Pfeffermühle nachträglich verboten wurde, setzte man den zuständigen Kulturfunktionär und den Kabarettdirektor ab, weil sie ihrer revolutionären Wachsamkeit nicht nachgekommen waren. Den Autor des Programms aber, der gleichzeitig Regisseur war, ernannte man zum neuen Direktor.

Ich bin in der DDR so vielen Zensoren begegnet, daß ich sie unmöglich alle nennen könnte. Man begegnete ihnen ja auch da, wo man sie gar nicht vermutete, zum Beispiel unter den eigenen Kollegen. Das war ja meist nicht böse gemeint, ja, ich erinnere mich daran, selbst dem einen oder anderen Kollegen geraten zu haben, den einen oder anderen Satz lieber wegzulassen, um die ganze Szene, das ganze Lied zu retten. Von der Schere im eigenen Kopf gar nicht zu reden.

Als diese DDR sich grußlos und plötzlich verabschiedet hatte, waren auch alle Zensoren ebenso grußlos und plötzlich verschwunden. Wir schickten ihnen noch den einen oder anderen Witz zum Abschied hinterher und beschäftigten uns mit dem, was da als Wende auf uns zukam. Die Zensur jedenfalls vermißte ich keinen Augenblick, auch wenn manche Kritiker das immer mal von unsereinem behaupteten. Und daß es sie so gar nicht mehr gäbe, kann wohl nur behaupten, wer nie sein Brot beim öffentlich-rechtlichen Funk oder Fernsehen verdiente. Und daß Redakteure in der Freiheit mutiger sind als in der Diktatur, konnte ich bisher nicht feststellen. Die Tabuschwellen liegen halt nur ganz anders heutzutage und hierzulande. So viel subtiler übrigens, wie immer gesagt wird, ist das alles heute auch nicht.

»Satiren, die der Zensor versteht, werden mit Recht verboten.« Diesen schönen Satz von Karl Kraus hatten die DDR-Zensoren übrigens nicht verboten. Und wenn ich heute wieder mal in meine Texte von damals schaue, als man in der DDR nichts sagen durfte, dann staune ich schon noch manchmal, was da so geschrieben steht. Und fürs Handwerk war es nicht nur schädlich, daß man so schreiben mußte, daß die Zensur einem zwar nichts nachweisen konnte, das Publikum aber doch alles verstand.

Es stimmt schon, in der DDR durfte ich nicht einmal öffentlich sagen, daß es eine Zensur gab, obwohl es doch alle wußten. Heute kann ich sagen, was ich will. Aber wer will das noch wissen?

Was übrigens meine Freunde, die Zensoren von früher betrifft, so habe ich den einen oder anderen von ihnen inzwischen wiedergetroffen. Der erste, den ich wiedertraf, bot sich an, mir bei der Steuererklärung zu helfen. Ein zweiter bat mich schriftlich, ihm schriftlich zu bestätigen, daß er eigentlich gar kein Zensor gewesen wäre, sondern ein reiner Satirefreund und also in heutiger Kulturverwaltung wiederverwendungsfähig. Den dritten hätte ich gar nicht wiedererkannt, hätte er mich nicht angesprochen. Alles an ihm war jetzt anders, nur den sächsischen Dialekt hatte er nicht so leicht ablegen können wie seine Überzeugungen. Er klopfte mir auf die Schulter, wie er das auch zu DDR-Zeiten hin und wieder getan hatte als Ausdruck seines herablassenden Wohlwollens. Nein, in der Partei sei er längst nicht mehr, sagte er. Gott sei Dank habe er ja, im Gegensatz zu mir, auch einen ordentlichen Beruf gelernt, und mit seinen Verbindungen habe er in der Wirtschaft rasch Fuß fassen können. Ich fragte nicht nach seinem ordentlichen Beruf und nicht nach der Art seiner Verbindungen. Ich dachte nur ganz hämisch: Aber dein Sächsisch wirst du trotzdem nicht mehr los. Dabei habe ich persönlich gar nichts gegen den Dialekt.

Achja, und dann war da noch einer, einer meiner engsten Zensorenfreunde. Den traf ich auf jeder Protestkundgebung nach der Wende, wo es um Kultur ging. Als er auf einer dieser Kundgebungen eine Rede hielt und die Freiheit der Künste forderte, merkte ich, daß einer von uns auf der falschen Veranstaltung war. Und da in Deutschland bekanntlich der Klügere nachgibt, ging ich nicht mehr zu solchen Veranstaltungen.

DER EINE *IM*

Ich habe ihm nicht alles gesagt, denn ich wußte nicht, wie wichtig ihm alles war, was ich ihm sagte. Ich habe mit ihm geredet wie mit anderen Leuten auch, nicht ahnend, daß er, auch im Rausch noch, im Dienst war. Dienst ist Dienst, und Schnaps löst die Zunge. Entweder hat er mehr vertragen als ich oder weniger getrunken. Dank seiner Standfestigkeit könnte ich jetzt nachlesen, woran ich mich beim besten Willen nicht erinnern kann: an mein freies Reden. Es wurde in der DDR ja viel freier geredet, als man heute vermutet, obwohl man damals vermuten mußte, daß da einer mitschrieb.

Die Gretchenfrage des Ostens lautet heute: Glaubst du, daß es eine Akte von dir gibt? Diese Frage beantworten auch hartnäckige Atheisten gern mit Ja. Aber wie viele von denen, die in Pastor Gaucks Behörde nach Glaubensbeweisen suchten, wurden enttäuscht. Dabei sollte es doch tröstlich sein, wieviel jetzt entdeckter Widerstand der Staatssicherheit verborgen blieb.

Aus andrer Leute Akten weiß ich inzwischen, daß ich dem Amte »sattsam bekannt« war. Na gut, das ist ja heute keine Schande mehr. Mit dem Umfang der Stasiakten wird ja inzwischen bei vielen Leuten der Wert der Persönlichkeit gemessen. Wie dick oder dünn meine Akte auch sein mag – ich fühle mich von der Stasi überschätzt.

Ich habe nämlich nicht heimlich konspiriert, sondern möglichst öffentlich widersprochen. Mein Widerspruch wurde zwar äußerst selten gedruckt, aber auf so vielen Bühnen gesprochen, daß alle geheimdienstliche Beschäftigung damit auf nichts als Vergeudung von Steuergeldern hinauslief. Das wirklich geheimnisvolle vieler DDR-Geheimnisse bestand ja in ihrem Bekanntheitsgrad. Jeder kannte solche Geheimnisse, und nur der Fachmann wußte, daß sie geheim waren.

Vor geraumer Zeit rief mich ein Herr an, der beim Studium seiner Akten auf ein paar Seiten von meinen gestoßen war. Wer da falsch abgeheftet hatte – Mielkes heimliche Garde oder Gaucks öffentliche Behörde – konnte er nicht sagen. Aber was drinsteht, wollte ich natürlich wissen. Man stelle sich vor, es wäre etwas Gutes gewesen – wie stünde ich jetzt da in der Demokratie!

Es war aber nur der Bericht über eine Veranstaltung, an der ich selbst gar nicht teilgenommen hatte. Aber Texte von mir waren da vorgetragen worden, und ein anwesender Stasioffizier hatte nun meine öffentlichen Texte seinen geheimen Akten anvertraut und eine geheimdienstliche Analyse dazu geschrieben. Der Herr am Telefon sagte, er wisse nicht genau, was er komischer fände – meine Kabarettexte oder die Kommentare des Offiziers.

Diesen meinen Freund, den Stasioffizier, habe ich nie kennengelernt. Mir sind in meinen vierzig DDR-Jahren überhaupt nur zwei Stasi-Offiziere vorgestellt worden, jeweils mit der augenzwinkernden Bemerkung: Das ist der Herr, na du weißt schon. Ich stutzte beide mal und ahnte dann, was ich wissen sollte. Daß wir keine Freunde werden würden, das wußte ich allerdings. Denn ich hatte da meine Vorurteile. Die betrafen weniger die Personen als die Institution. Ein sicher sehr spannendes Kapitel über »meinen Freund, den Führungsoffizier« kann ich also nicht schreiben. Das müßte vielleicht einer meiner anderen Freunde schreiben. Etwa der, von dem ich aus der Zeitung weiß, daß er aus reiner Abenteuerlust ... aber natürlich keinem geschadet hat. Er selbst hat schon viel und sogar witzig über uns ostdeutsche Mitläufer geschrieben, genauso verächtlich, wie wir das verdient haben. Da er in seinem Buch nicht vorkommt, will ich ihn hier wenigstens erwähnen. Ich habe ihn gemocht, nicht gerade von Herzen, aber doch von Kopf zu Kopf. Er ist nämlich intelligent. Daß er nicht klug genug war, mit seiner Enttarnung zu rechnen, wird mir eines von tausend anderen intelligenten Rätseln bleiben. Er war als Kritiker und später Kollege ein Freund dessen, was Schaller und ich an Kabarett machten. Das ist mir jetzt zwar peinlich, da es aber nachzulesen ist, gebe ich es lieber gleich zu.

Ich habe ihn einmal öffentlich, also nachlesbar, gelobt für ein kleines Büchlein über Satire in der DDR. Er war nicht nur intelligent, er konnte wirklich gut schreiben. Daß er das jetzt noch kann, ist möglich, will mir trotzdem nicht in den Kopf. Dabei weiß ich doch, was Binsenweisheit ist: Talent und Charakter sind zweierlei, und ein Wunder wird erst daraus, wenn beide in einem Menschen zusammentreffen. Das ist in seinem Fall bestimmt nicht der Fall. Und also schreibt er noch heute öffentlich und gnadenlos über die Verfehlungen anderer.

Als ich von seiner heimlichen Nebenbeschäftigung erfuhr, war ich entsetzt, ohne mich aber auch zu wundern. Ich glaubte sofort an die Richtigkeit der Meldung, obwohl ich sehr vorsichtig geworden bin, wenn dem oder jenem das Wort IM nachgerufen wird. Denn wenn dieser Verdacht nur geäußert wird, ist er meist schon über jeden Beweis erhaben.

Die Nachricht warf mich um, weil ich nun – ein weiteres Mal – dachte, die im Westen müssen uns doch langsam alle für Spitzel und Denunzianten halten. Manche tun das ja auch. Und mancher Spitzel, nein, ein ganz bestimmter Spitzel, den ich noch etwas mitleidig fragte, wie er mit seiner enttarnten Situation fertig würde, sagte mir ganz selbstverständlich, er habe da keine Probleme, denn Leute wie wir wären doch schließlich alle dabei gewesen. Die Stasi habe sich schließlich überall die Besten herausgesucht.

Mit dem Gedanken, von der Stasi nicht für den Besten gehalten worden zu sein, werde ich fertig. Mit dem Gedanken, daß wir doch alle irgendwie dabei waren ... Nein, auch wenn es gewiß nicht schwarz und weiß gibt, Nuancen in den menschlichen Grautönen gibt es schon.

Im Mai 1989 hatte ich hier in Ostberlin eine Veranstaltung, über deren Folgenlosigkeit ich mich lange gewundert habe. Es war ein Podiumsgespräch, eigentlich über Kabarett in der DDR. Aber es wurde sehr schnell ein Gespräch über die politisch wie ökonomisch unhaltbare Lage in der noch real-existierenden DDR.

Wir drei auf dem Podium waren uns einig und sagten auch laut und deutlich, es sei höchste Zeit für grundsätzliche Veränderung, und forderten den Rücktritt des Politbüros.

Normalerweise hätte das Folgen haben müssen. Nicht für das Politbüro, das war ja noch an der Macht. Aber für uns. Seit meine beiden Freunde, denn auch mit dem zweiten war ich etwas befreundet, als IMs enttarnt worden sind, stelle ich mir häufiger eine Frage, die mir als erster Dieter Hildebrandt gestellt hatte: Ob unsereins nicht doch manchmal nur als nützlicher Idiot betrachtet wurde von denen, die wir zu bekämpfen meinten?

DER ANDERE *IM*

Er sitzt jetzt zu Hause, weil er fristlos entlassen wurde. In erster Instanz hat er gegen seine Entlassung geklagt. Vergeblich. Für die zweite Instanz reichen die Nerven nicht und das Geld auch nicht. Seine Frau hält – wie früher – zu ihm. Aber sie will nun endlich ihre Ruhe haben nach einem unruhigen Leben mit ihm, diesem unbequemen Gerechtigkeitsfanatiker. Die Freunde können die ewigen Unschuldsbeteuerungen nicht mehr hören. Sie glauben an seine Unschuld, aber ihre Geduld hat Grenzen. In solchen Zeiten hat eben jeder seine Sorgen.

Als ich zum erstenmal seinen Namen hörte, war er in Bautzen im Gefängnis. Seine Frau auch. Sie hatten gemeinsam selbstgeschriebene Handzettel verteilt gegen die Niederschlagung des Prager Frühlings im Herbst 1968. Sie meinten damals, nicht länger zusehen zu dürfen, wenn so offensichtlich Unrecht geschah. Wir andern saßen damals zu Hause, wütend und ohnmächtig und beteuerten einander nur, daß man ja doch nichts tun könnte. Mit Leuten, die doch etwas zu tun versuchten, machte man damals in der DDR kurzen Prozeß.

Als er dann aus dem Gefängnis kam, erfuhr er viel, und nicht nur heimlichen, Zuspruch von Leuten, die sich schämten, gar nichts getan zu haben.

Überraschend schnell durfte er wieder ans Theater zurück – er war Regisseur. Nun machte er sowas wie eine Karriere. Er war vielseitig, inszenierte Opern, Schauspiele und sogar Kabarettprogramme. Einen sehr erfolgreichen Lustspielfilm hat er auch gedreht. Als staatlicher Leiter hatte er natürlich das, was heute Stasikontakt genannt wird. Beispielsweise, wenn er mit seinem Ensemble auf Westtournee ging. Wohlgemerkt, er war kein heimlicher Zuträger, sondern staatlicher Leiter und also der Staatssicherheit gegenüber auskunftspflichtig. Welche Auskünfte er gab, das allerdings hing von ihm und seinem Gewissen ab. Und was davon in die Akten kam, das entschied der Stasimann. Daß er als IM geführt wurde, davon ahnte mein Freund nichts.

Als die Wende kam, wurde das Theater meines Freundes, wie andere Theater auch, von Altlasten gesäubert, und ein Westberliner Fachmann für Steuerrecht und Marketing übernahm die künstlerische Leitung.

Steuerrechtlich mag von da an an diesem Hause alles in Ordnung gebracht worden sein, künstlerisch war das nicht der Fall. Theater, auch Musiktheater ist nun mal keine Folgeeinrichtung des Finanzamtes. Im Ensemble machte sich Unmut breit, aber nur leise. Schließlich war mit der Wende und dem neuen Intendanten nicht nur die Freiheit gekommen, sondern auch die Marktwirtschaft und die Angst um den Arbeitsplatz. Der kaum geübte aufrechte Gang in die Freiheit wurde zum Wettlauf mit dem Konkurrenten am Arbeitsplatz. An DDR-Bürgern war ja plötzlich kein Mangel mehr in der Überflußgesellschaft. Jeder war plötzlich zu ersetzen. Man mußte jetzt keiner greisen Parteiführung mehr zujubeln, aber wenn die Theaterleitung die eine oder andere künstlerische Fehlentscheidung traf, mußte man eben den Mund halten. Sie traf schließlich auch die Personalentscheidungen.

Mein Freund glaubte wieder mal, nicht zuschauen zu dürfen und tat, was er früher auch getan hatte – er riß das Maul auf.

Leider war er wieder mal allein. Und er widersprach seinem Chef nicht politisch, darüber können die neuen Chefs lachen. Er widersprach ausgerechnet da, wo des Intendanten wunder Punkt war: in künstlerischen Fragen. Und er tat das nicht, wie im Theater seit jeher üblich und geduldet, am Kantinentisch, wo noch immer künstlerische Freiheit herrscht. Er tat es auf einer Vollversammlung. Seitdem saß er auch am Kantinentisch meist allein.

Wir DDR-Bürger mit unserer angepaßten Vergangenheit müssen eben aufpassen, daß wir nicht wieder auffallen. Und wenn doch einer auffällt, hält man sich besser fern von ihm. In der Freiheit ist jeder für sich selbst verantwortlich. Wir haben uns lange genug geduckt, jetzt wollen wir endlich aufrecht sitzen in der Kantine, und das geht nun mal nicht mit so einem am Tisch.

Als mein Freund schon glaubte, im Theater würde überhaupt niemand mehr mit ihm reden wollen, rief ihn sein Chef zu sich. Leider, leider hätten sich Akten über ihn angefunden, aus denen eindeutig hervorginge, daß er für die Stasi gearbeitet hätte. Das fand mein Freund zuerst so komisch, daß er nur darüber lachte. Was der

Intendant als Akteninhalt andeutete, schien ihm einfach absurd. Akteneinsicht bekam er als »Täter« ja erst mal nicht. Nur die fristlose Kündigung. Nachdem er dann erfuhr, was aus den Akten hervorging, tat er das, was ich an seiner Stelle auch getan hätte: Er fuhr zu den Leuten, die in seiner Täterakte vorkamen. Sie waren allesamt bereit, für ihn auszusagen, denn Aktenlage und die von ihnen erlebte Wirklichkeit stimmten nicht überein. Das bekam er sogar schriftlich. Die Stasi hatte falsch, zumindest mißverständlich Buch geführt. Alle konsultierten Rechtsanwälte waren sicher, er würde jeden Prozeß der Welt gewinnen.

Den einzigen, den er dann führte, hat er verloren. Die Rechtsanwälte raten ihm dringend, Widerspruch einzulegen. Er habe einfach Pech gehabt mit dem Richter und seinen eigenen, inzwischen so schwachen Nerven. Er hat einen so krankhaften Gerechtigkeitssinn, daß er einfach jeden gegen sich aufbringt, der ihn nicht schon länger kennt. Und wenn die eigene Frau, die immer zu ihm gehalten hat, nun auch sagt, es habe doch alles keinen Sinn, dann läßt mans vielleicht wirklich bewenden – beim kurzen Prozeß.

WIR ANDERSDENKER

Früher waren sie sich alle einig, und ich war mir mit ihnen einig – Freiheit ist immer auch die Freiheit des Andersdenkenden. In meinem gesamten Freundes- und Bekanntenkreis gab es keinen, der in dem Punkt anders dachte. Ja, wir Andersdenkenden konnten uns gar nicht vorstellen, daß jemand anders denken könnte als wir, mal abgesehen von der Minderheit, denen ein höheres Partei- oder Regierungsamt das Andersdenken verbot. Auch die Mitgliedschaft in der Einheitspartei schützte nicht vorm Andersdenken.

So kam es denn, daß 1989 der breiten Einheitsfront der Andersdenkenden nur noch eine ganz schmale Führungsriege der Einheitspartei gegenüberstand. Und während wir nun unser Andersdenken laut auf der Straße demonstrierten, entdeckte auch der eine oder andere aus der Führungsriege, daß er doch eigentlich zu uns gehörte. Schließlich hatte er schon immer ganz anders gedacht als Honecker. Aber im Politbüro durfte man ja nichts sagen.

Nun bot sich Egon Krenz sogar an, unser aller Führung zu übernehmen und uns als neugebackener Generalsekretär einer plötzlich ganz anders denkenden Einheitspartei geschlossen in die vereinigte Wende zu führen. Aber trotz aller Wendigkeit bekam er die Kurve nicht. Wie sollte man ihm das Andersdenken abnehmen, wenn man ihm nicht einmal das Denken zutraute?

Je weniger amtlicher Widerstand uns noch geleistet wurde, desto mehr wurden wir auf der Straße. Menschenmassen, die gestern noch ihr Andersdenken hinter der Wohnzimmergardine ausgelebt hatten, riefen nun mit, was alle riefen: »Stasi in die Produktion!« Und für die nun entmachtete Partei- und Staatsführung forderten wir in schönem Einheitschor: »Rente, nicht Rache!« Und keiner widersprach.

Die ganze Veranstaltung drohte schon genauso langweilig zu werden wie der soeben besiegte Einheitssozialismus, in so einheitlicher Geschlossenheit stand das Volk hinter seinen Andersdenkenden.

Da muß irgendwem eingefallen sein, daß man in der Demokratie – da das vorher eine Diktatur war, mußte das ja jetzt eine Demokratie sein – nicht nur anders denken, sondern auch anders rufen darf. Und während noch alle riefen: »Wir sind das Volk!« rief einer dazwischen: »Aber ich bin Volker!« Und siehe, alle hörten Volkers Signale, und nun riefen alle durcheinander. Jeder rief, was ihm gerade einfiel, oder was er schon immer mal hatte rufen wollen.

Aus unserer Meinungseinfalt wurde plötzlich eine solche Vielfalt, daß man bei manchen Veranstaltungen mehr Meinungen hörte als Anwesende sah. Alles, was wir vierzig Jahre lang listig verschwiegen hatten, sollte jetzt endlich offen ausgesprochen werden. Was der verklemmte Westdeutsche höchstens seinem Therapeuten anvertraut, das riefen wir auf der Straße.

Hatte es früher geheißen, Freiheit sei Einsicht in die Notwendigkeit, so gab unsere neue Freiheit Einsicht in ihre Beliebigkeit.

Da ein Deutscher aber auf Dauer mit seiner Meinung nicht gern allein bleibt, gründete bald jeder, der in der Lage war, seine Meinung auch zu formulieren, einen diesbezüglichen Verein. Mochten wir in vierzig Jahren Diktatur auch vieles vergessen haben, daß der Verein die eigentliche Grundlage deutschen Daseins ist, das hatten wir nicht vergessen. Bei den ersten freien und geheimen Wahlen hatten wir dann Gelegenheit, zwischen so fundamentalen Überzeugungsgemeinschaften zu wählen, wie der Deutschen Biertrinker-Union und der Deutschen Sex- beziehungsweise Autofahrer-Partei.

Hätte man uns im Osten allein gelassen mit der ganzen neuen Demokratie, wir hätten die Parteienlandschaft wohl gründlich verändert. Aber noch ehe wir unser erstes Kreuz malen konnten, kam da aus dem Westen das eine, schließlich alle überzeugende Argument. Dieses Argument hieß D-Mark und brachte uns alle wieder zu real-demokratischer Vernunft. Mit der D-Mark kann man schließlich Auto, Bier, Sex und was der Mensch so braucht zum freien Leben, kaufen. Kohl selbst hatte im Osten noch gar nicht kandidiert, da hatten wir ihn schon gewählt, denn er hatte sie uns als erster versprochen, diese Identität stiftende Deutsche Mark.

Über diese D-Mark gerieten auch die Bürgerrechtler mehr und mehr in Vergessenheit. Manche von ihnen vergaßen sich auch selbst, als sie entdeckten, daß man im Schatten des Kanzlers viel schneller auf die Sonnenseite des politischen Lebens gelangen konnte. So wurde ein ehemaliger Bausoldat, also einer, der in der ehemaligen DDR den Dienst an der Waffe aus Gewissensgründen verweigert hatte, aus gewissen anderen Gründen unser letzter Verteidigungsminister. Daß er sich Minister für Abrüstung nannte, war wohl kaum mehr als ein Wortspiel. Politisch korrekte Wortspielerei ist Schadensbegrenzung durch Umbenennung. Wo gar nichts mehr wächst, da blüht bei uns immerhin noch das Nullwachstum, und wo die Bösen Angriff sagen, sprechen wir behutsam von der Nachvorneverteidigung.

Diejenigen unter den Bürgerrechtlern, die nie etwas anderes werden wollten als Bürgerrechtler, mußten bald feststellen, daß das auch in der Demokratie kein anerkanntes Berufsbild ist. Schlimmer noch, in der Demokratie scheint man Bürgerrechtler überhaupt nicht mehr zu brauchen, wenn nicht gerade ein Gedenktag ansteht oder im Wahlkampf mal wieder alle Argumente ausgegangen sind.

Die Freiheit des Andersdenkenden ... Mein Gott, solche Forderungen gehören in die Diktatur. Daß der Satz von Rosa Luxemburg stammt, macht ihn heute ja auch nicht gerade besser. Das war nur in der DDR so schön, weil sich deren Führung doch nur zu gern auf diese Rosa berief. Wer mag sich heute noch auf eine rote Rosa berufen? Heute ruft ein erwachsener Minister bei vollem Bewußtsein: Marx ist tot, aber Jesus lebt! Daß Marx tot ist, wird kein lebender Atheist bestreiten. Aber daß Jesus in diesem, unserem Sozialstaat so sehr lebendig ist, das dürfte auch der Gläubigste unter uns bezweifeln.

Übrigens muß ich gestehen, daß ich auch heute noch lieber Marx oder Luxemburg zitiere als Norbert Blüm. Und dabei weiß ich doch, Marx und Luxemburg sind tot, aber Blüm lebt.

Das tun auch die Bürgerrechtler. Aber es ist still geworden um sie. Jetzt, da die Freiheit des Andersdenkenden straflos von jedem eingefordert werden kann, scheinen gerade sie sich damit nicht mehr abfinden zu können. Dabei denken sie weniger über Gegenwart und Zukunft nach als über die Vergangenheit und ihre Bewältigung. Je mehr sie das eigene Erinnerungsvermögen verläßt, desto mehr stützen sie sich auf das, was uns allen die Staatssicherheit hinterlassen hat: Mielkes gesammelte Werke. Wer am Wahrheitsgehalt dieses Aktenwerks zweifelt, ist ein Ketzer und gehört also verbrannt. Ja, beim Umgang mit den Stasiakten hört die Freiheit des Andersdenkenden für jeden Andersgedachthabenden auf.

Die Stasiakten sind so etwas wie eine heilige Schrift, wenn auch vom Teufel geschrieben, und Gauck ist ihr Prophet.

Den Glauben an den Rechtsstaat haben viele Bürgerrechtler inzwischen verloren, den Glauben an die Akten lassen sie sich nicht rauben. Und da sie die einzigen Rechtgläubigen sind, sind sie auch die einzigen, die das Recht haben, diese Akten auszulegen. Weh dem, der sie anders liest oder gar nicht lesen mag, oder wer gar den Rechtsweg beschreitet, wenns um den Verdacht geht, dem Unrechtsstaat gedient zu haben. Von einem Bürgerrechtler nämlich zu verlangen, daß er einen öffentlich geäußerten Verdacht auch noch beweist, heißt ihn verhöhnen. Das lassen sich die mitteldeutschen Bürgerrechtler inzwischen am liebsten von bayrischen Spezialisten der DDR-Vergangenheit bestätigen.

So kommt es denn, daß manches Opfer des DDR-Unrechts schon wieder Opfer ist, Opfer seiner reinen Selbstgerechtigkeit, die auch im Zweifel nur eines kennt: die Strafe für den Angeklagten.

DER LIEDERMACHER

Als ich ihm zum erstenmal begegnete gab es längst keine DDR mehr. Mit dem Untergang der DDR aber hatten gerade die rasch an Bedeutung verloren, die ihren Untergang betrieben hatten: die Kritiker dieser DDR. Er hatte zu ihren wichtigsten Kritikern gehört. Sein Anteil an ihrem Untergang bestand aus nichts als Liedern und war doch ganz gewaltig. Ein Staat, der sich vor Liedern und seinen Machern fürchtet – wir hätten wissen sollen, wie schwach der war. Wir aber hielten ihn für fast allmächtig und bewunderten den Liedermacher nicht nur für seine Kunst, sondern auch und ganz besonders für seinen Mut.

Daß er beim Untergang selbst gar nicht dabeisein konnte, das war wohl nur für ihn ein Problem. Aus manchen Äußerungen von ihm glaubte ich herauslesen zu können, daß er es uns irgendwie krummnahm, daß wir das letzte Stückchen DDR-Untergang hier so einfach ohne ihn bewältigt hatten. Und daß wir ihn auch danach nicht baten, unsere Ostsache im Westen und vor der Welt zu vertreten, auch das schien ihn zu kränken. Und also war er bald nicht mehr sehr gut auf uns zu sprechen. Daß wir nicht aus Hochmut unterließen, an ihn heranzutreten, schien er nicht zu bemerken. Dafür war er einfach schon zu lange im Westen. Östliche Bescheidenheit schien ihm allerdings seit jeher suspekt, auf jeden Fall war sie nie seine Sache.

Natürlich kam er sofort zu uns, als ihn die in Abwicklung befindliche Noch-DDR-Regierung wieder einreisen ließ. Und er tat das Gleiche, was er damals in Köln nach seiner Ausreise getan hatte – er gab ein Konzert. Diesmal im kalten sächsischen Leipzig, und wir alle – er sicher auch – versprachen uns Wunderdinge von diesem Konzert, so etwas wie eine Wiedergutmachung, oder besser: eine wirkliche deutsche Wiedervereinigung.

Ich saß, wie damals 1976, am Fernsehapparat, hörte die alten Lieder und zerdrückte, ebenfalls wie seinerzeit, die eine oder andere Träne. Gerührte Erinnerung an jene Zeit, da wir beide noch an die Reformierbarkeit des Staates DDR glaubten. Er glaubte wohl mehr. Ich glaubte weniger. Das lag vermutlich an unserer so unterschiedlichen Herkunft; seine ist proletarisch-kommunistisch, meine kleinbürgerlich-indifferent. Damals, als er im westlichen Köln sang, schien er an den Schlaf der Welt des Ostens zu rühren. Nun, da er endlich im Osten singen durfte, erinnerte sich unsereins gerührt an damals und ging doch ganz leicht enttäuscht ins Bett. Denn in Leipzig war kein Funke mehr übergesprungen wie einst in Köln.

Die Jüngeren, die aus unseren Erzählungen noch den Namen des Liedermachers kannten, vielleicht auch die eine oder andere konspirative Bandaufnahme von früher gehört hatten, verstanden unsere Aufregung von damals so wenig, wie sie unsere Rührung von heute verstanden.

Wieso war denn das, was er damals in Köln gesungen

hatte, überhaupt gegen die DDR gerichtet? Wie soll man das einem erklären, der nicht dabeigewesen war? Man hatte es ja selbst kaum verstanden. Und überhaupt waren inzwischen Liedermacher ganz allgemein früher oder später aus der Mode gekommen – im Westen früher, im Osten später, wie das bisher noch mit allen Moden so war.

Als ich ihm zum erstenmal persönlich begegnete, war es für mich wie die Begegnung mit einem Denkmal. Er war inzwischen mit Ehrungen und Auszeichnungen dermaßen überhäuft, daß man fürchten mußte, den Provokateur und Unruhestifter darunter nicht mehr zu finden. Ausgerechnet in Straßburg trafen wir uns, beim Fernsehsender ARTE, der ihm, dem größten deutschen Liedermacher der jüngeren Vergangenheit, einen ganzen Themenabend widmete.

Ich, unbekannter DDR-Kabarettmacher, war ins Straßburger Studio geladen worden, um mit dem berühmten Liedermacher zu streiten, wer von uns denn nun richtiger gehandelt hätte – er, der die DDR verlassen hatte oder ich, der ich geblieben war. Abgesehen davon, daß ich bis heute nicht so recht weiß, was für wen richtiger war – bleiben oder weggehn – paßte das vorgesehene Muster für uns beide ohnehin nicht. Er war schließlich nicht freiwillig gegangen, sondern von der DDR vor die Tür gesetzt worden. Also, über den Punkt war zwischen uns kein Streit zu machen. Über das, was er in jüngerer Zeit so geäußert hatte, hätte ich gern mit ihm gestritten, aber doch nicht vor einem ahnungslosen, weil überwiegend französischen Publikum, das von neueren deutschen Querelen gar nichts wissen konnte, weil es sich mit Recht nicht dafür interessierte.

Aber was mit ihm geschehen ist seit 89, das frage ich mich immer wieder. Damals, als er ausgewiesen worden war, fragten wir Zurückgebliebenen uns erschrocken, was nun aus ihm dort drüben werden sollte. Würde er verstummen oder einfach nicht mehr gehört werden? Hier im Osten war er gebraucht worden. Würde er im Westen nicht einfach nur benutzt werden? Und würde letztlich nicht die Rechnung der Parteigreise in Wandlitz aufgehen, die diesen Stachel in ihrem faulen Fleisch endlich loswerden wollten?

Was wir gefürchtet und die SED gewünscht hatte, trat nicht ein. Der Liedermacher blieb, was er im Osten gewesen war, Provokateur und Unruhestifter, nun aber für beide Seiten. Daß er vom Regen in die Jauche gekommen wäre, sang er und bekam dafür das Gleiche zu hören, was man uns viel später sagte, als wir dann – so viel freiwilliger als er – von Ost nach West gegangen waren, ohne die Adresse wechseln zu müssen. Er ließ es viel früher als wir an der im Westen so schmerzlich vermißten Dankbarkeit fehlen. Ihm allerdings verzieh man wohl leichter als uns. Denn er sang immerhin, wo wir nur muffeln.

Inzwischen allerdings ist er uns in jeder Beziehung weit voraus. Er kennt den Westen, hat wohl die eigene Enttäuschung beim Übertritt auch schon etwas vergessen und hat sich – wer von uns Bequemen dürfte ihm das übelnehmen? – da schon häuslich eingerichtet, wo wir auch nach sieben Jahren noch fremdeln. Er kennt den Laden und hat gelernt, nun mit den Schäferhunden zu heulen und kann es so viel besser als die andern. Nur eben ein Wolf ist er schon lange nicht mehr. War es die langsam allgemein werdende Anerkennung, die ihn fast unbemerkt zahm werden ließ? Wer kann sich gegen so viel Anerkennung wehren?

Die Zensur in der DDR, ganze Stasi-Horden hatten ihn nicht mundtot machen können. Die Narrenfreiheit machte ihn handsam, da kann er um sich schlagen, wie er will, nichts anderes erwartet man von ihm. Gewiß, wenn er sich zu Wort meldet – und wann tut er das nicht – dann klingt das meist noch so bissig wie früher. Aber es klingt nur. Da wo er heute hinbeißt, beißt er längst nicht mehr auf Granit. Die Stasidebatte ist gargekocht. Die Jagd auf IMs beginnt der Jagd dieser IMs zu ähneln. Denunzianten denunzieren Denunzianten. Und weil Gerechtigkeit nun einmal nicht zu haben ist, soll es jetzt wenigstens zur Selbstgerechtigkeit führen.

Und das ist nun eines seiner Felder geworden. Haben Mielke und seine Mannen ihn nachträglich nun doch noch kleingekriegt? Oder ist es das Unterhaltungsbedürfnis dieser freien, aber gelangweilten Welt, die am Ende jeden Widerstand bricht, indem sie ihn beklatscht. Ist hier nicht aus jedem Aufbruch irgendwann eine Mode geworden? Da mag der wildeste Wolf mit harter Pranke dreinzuschlagen meinen, am Ende ist das alles nur noch Pfötchengeben. Beifall kann tödlicher sein als alle Verbote. Denn unsere Eitelkeit ist uns von Gott gegeben. Dem einen hat er mehr gegeben, dem anderen weniger. Aber genug war noch immer für alle da.

Übrigens ist der Anlaß für des Liedermachers Wortausbrüche inzwischen ganz beliebig. Worum immer es gehen mag, er spricht von sich. Wenn er gerade mal in Geberlaune ist, dann gibt er sogar zu, daß ihm ein Heiner Müller einst in der oder jener Beziehung durchaus das Wasser reichen konnte. Manche seiner Sätze muß ich mehrmals lesen, weil ich an so viel Selbstüberhebung einfach nicht glauben mag. Wie oft bleibt mir die Spucke weg, wo ihm der Schaum vor den Mund tritt.

Doch leider gehöre ich nicht zu denen, die jetzt schon über ihn lachen können oder nur noch gelangweilt mit der Schulter zucken, wenn die Rede auf ihn kommt. Selbst in der dümmsten Polemik – ich wage nicht zu sagen, welche ich am dümmsten fand, aber dumm fand ich die meisten in den letzten Jahren –, also selbst die dümmste seiner Polemiken enthält noch Sätze von einer Kraft, die ich so gern einem lohnenderen Anlaß wünschte als beispielsweise seinem nicht weniger eitlen Spiegelbild im munteren Rundumpolemisieren Reich-Ranicki.

Merken die beiden wirklich nicht, daß sie die Clowns abgeben für eine Gesellschaft, der in ihrer unendlichen Langweile und Gleichgültigkeit jede Zerstreuung recht ist? Oder brauchen sie diese Eselsbrücke der Wichtigtuerei, um irgendwie hinwegzukommen über dieses Meer der Sinnlosigkeiten? Bei Reich-Ranicki ist mir das egal. Ihn habe ich immer nur als Pfau gesehen, wenn auch als einen unterhaltsamen. Dem Liedermacher aber schulde ich doch was.

Manchmal hab ich mich schon bei dem Gedanken ertappt, daß seine Lieder vielleicht gar nicht so schön und wichtig sind, wie wir es uns seinerzeit einredeten. Aber dann fällt mir die eine oder andere Zeile wieder ein, und ich kann mich nur noch voll Neid fragen, warum so etwas mir nicht vor ihm eingefallen ist.

Und dann lese ich, was er im Frühjahr 97 zu Heines zweihundertstem Geburtstag da in Düsseldorf redet, und finde in der Rede alle dummen Eitelkeiten wieder, ärgere mich und kann doch nicht aufhören zu lesen. Mag, was er sagt, manchmal auch noch so platt sein. Wie ers sagt, das wünschte ich manchem von uns, der Klügeres mitzuteilen hat.

Aber vielleicht ist es ja gerade für einen, der selbst mal Kommunist war, das Klügste, auch noch den Heine zum Anlaß zu nehmen, um das endgültige Ende des Kommunismus und aller angeschlossenen Utopien zu verkünden. Wer immer dem Biermann unter die Feder kommt, der muß Federn lassen. Und daß der Heine noch nicht so klug sein konnte, wie Biermann es geworden ist, das kann man dem Biermann ja nicht übelnehmen.

Wer hat eigentlich zuerst gesagt, das Gegenteil eines Fehlers ist ein Fehler?

MEINE FREUNDE MARX UND ENGELS

Wer tot ist, sündigt nicht mehr. Schon von daher sind auch die größten Toten alles andere als zu beneiden. Von Marx und Engels weiß man, daß sie zu Lebzeiten ausgiebig gesündigt haben. Sie haben also nicht umsonst gelebt.

Das größte Unrecht, das man den beiden dann nach dem Tode zugefügt hat, war wohl, daß man sie zu Religionsstiftern machte, obwohl sie allenfalls zu Ketzern taugten. Tote können sich nicht wehren. Auch daß jemand erst fünf Jahre tot sein muß, um einer Straße oder einem Gemeinplatz seinen Namen zu geben, ist ein schwacher Schutz. Als würden fünf Jahre ausreichen, um aus einem lebenden Bruder Gewöhnlich einen Säulenheiligen zu machen.

Marx und Engels waren in der DDR die Götter, Lenin war ihr Prophet, und der jeweilige SED-Generalsekretär gab den marxistischen Oberlehrer. Aufgabe der vielen, vielen Unterlehrer an den Schulen der sozialistischen Arbeit war es, das Studium der Klassiker des Marxismus-Leninismus so zu lenken und zu leiten, daß das, was die Politiker so anrichteten in der DDR, marxgewollt erschien. Das geschah mit Hilfe einer Dialektik genannten Betrachtungsweise, die auch noch absolute Katastrophen zu mittleren Erfolgen interpretierte.

Diese Methode funktionierte natürlich nur, so lange Marx und Engels nicht wirklich gelesen wurden. Aber nichts ist bekanntlich leichter, als ein Volk vom Lesen bestimmter Autoren abzuhalten – man erklärt sie zu Klassikern, und schon sind sie ganz und gar ungefährlich. Man sprach in der DDR von den Lehren der Klassiker und meinte damit ein paar Lehrsätze fürs Parteilehrjahr. Marx und Engels wurden wesentlich öfter zitiert als gelesen. Auch von uns im Kabarett. Daß man nämlich auch die besten Argumente gegen diesen real-existierenden Sozialismus bei den klassischen Theoretikern des Sozialismus fand, das hatten wir herausgefunden, lange bevor wir selbst etwas gelesen hatten von ihnen. Später lebten unsere Programme geradezu von dem tragisch-komischen Widerspruch zwischen den schönen Ideen der theoretischen Sozialisten und der traurigen Umsetzung durch ihre trostlosen Vollstrecker in der DDR. Mit »Marx- und Engelszungen« machten wir uns lustig über die, die sich ausgerechnet auf Marx und Engels beriefen.

Das machte es der Zensur oft schwer, uns einfach zu verbieten. Ich gestehe, Marx öfter zitiert als gelesen zu haben. Den Trick hatten wir schnell heraus: Je genauer die Quellenangabe, desto geringer war die Gefahr, daß einer nachsah. Ihrem Marx trauten die Genossen ohnehin die ketzerischsten Gedanken zu. Als ich in einem Programm behauptete: »Gelesen haben ihn noch wenige, aber mißverstanden schon viele«, lachten alle, weil jeder meinen konnte, der andere wäre gemeint. Einer der am häufigsten wiederholten »marxistischen Lehrsätze« lautete, die Freiheit aller sei die Voraussetzung für die

Freiheit des Einzelnen. Gedankenlos wurde uns der Satz vorgeplappert, und wir plapperten ihn ebenso gedankenlos nach. Erst Mitte der achtziger Jahre erfuhr ich durch Zufall von einem marxistischen Philosophen, der seinen Marx nicht nur »studiert«, sondern auch gelesen hatte, daß Marx das Gegenteil dieses DDR-Lehrsatzes gesagt hatte, nämlich daß die Freiheit des Einzelnen die Voraussetzung für die Freiheit aller wäre. Die Philosophen wußten das schon lange, aber in der Regierung saßen schon lange keine Philosophen mehr. Und darüber, was bei uns gelehrt werden durfte, entschieden auch keine Philosophen.

Mit meinem Freund und Kollegen Wolfgang Schaller machte ich aus diesem wunderbaren »Mißverständnis« ein ganzes Programm zum Thema. AUF DICH KOMMT ES AN, NICHT AUF ALLE war der Titel des Programms, in dem wir mit »unserem« Marx den DDR-Marx widerlegten. Es war die reine Hochstapelei, denn wir kannten unseren Marx kaum besser als die Genossen den ihren. Jedenfalls haben sich wohl die Genossen Zensoren bei den Genossen Philosophen erkundigt und mußten durchgehen lassen, was ein Sakrileg war. Wir hatten einen zentralen marxistischen Lehrsatz als Fälschung entlarvt.

Übrigens war und bin ich mir gar nicht so sicher, ob das eine bewußte Fälschung war, obwohl natürlich vieles dafür spricht. Der in der DDR gelehrte Klippschulen-Marx war ja insgesamt eine Fälschung. So unzulässig vereinfacht haben ihn sonst nur die Antikommunisten. Aber ist es nicht auch anderswo üblich, irgendwelche Behauptungen, von einem erstmal aufgestellt, einfach abzuschreiben, um so mehr, wenn einem die Behauptung gerade in den selbst behaupteten Kram paßt. Als damals der erste gesamtdeutsche Duden im vereinigten Deutschland – auch so eine Behauptung; was ist hier vereinigt worden, hier ist etwas angeschlossen worden und nicht mehr – damals jedenfalls stand in fast allen Zeitungen und Nachrichtenmagazinen, im DDR-Duden habe das Wort Weltreise nicht gestanden. Ich hatte meinen DDR-Duden noch nicht aus dem freiheitlich-demokratischen Fenster geworfen und fand darin selbstverständlich das angeblich verbotene Wort. Aber die Meldung paßte eben so schön in das nachträgliche DDR-Bild, und wer wird denn nachsehen, wenn die Nachrichtenagenturen so etwas Originelles melden.

Jedenfalls war und ist das Marx-Bild, wie inzwischen ja auch das DDR-Bild, mehr das Abbild eines Wunschbildes. Am liebsten hat es jeder so, daß es in sein Weltbild paßt. Und da traut man natürlich gern dem Bösen alles Böse und dem Guten alles Gute zu. Gutes am Bösen und Böses am Guten irritiert nur.

Achso, warum ich Marx und Engels noch immer als meine Freunde empfinde, obwohl ich sie doch als politisch-moralische Instanz nicht mehr brauche, um sie und mich vor ihren falschen Hohepriestern zu schützen? Wie gesagt, es war und ist nicht allzu viel, was ich von ihnen gelesen habe – von Engels übrigens mehr als von Marx – aber eines haben sie mir tief in die Seele eingegraben –, den unerschütterlichen Glauben an den Zweifel. Diesem Zweifel verdanke ich es, daß ich mich mit der DDR viel weniger eingelassen habe als weniger verzweifelte Menschen. An allem zweifeln macht ja nicht gerade glücklich und ist zudem anstrengend. Zustimmung muß man selten begründen, Zweifel immer.

Nein, so absolut stimmt auch das nicht. Zweifel an der DDR brauchte man in den Kreisen, in denen ich normalerweise verkehrte, nicht zu begründen. Da waren wir uns schnell einig – Ostfreunde und Westfreunde. Diese DDR lehnten wir in einmütiger Geschlossenheit ab. Kam oder kommt aber das Gespräch auf das überlebt habende System zu sprechen, so machte und macht man sich mit jedem Zweifel verdächtig, daß man das andere System, also die DDR, wiederhaben wolle. Seit es diese DDR nicht mehr gibt, macht sich unsereins mit jedem scheelen Blick verdächtig.

Ich erinnere mich, vor Jahr und Tag, jedenfalls lange vor dem Untergang der DDR, in einem Ost-West-Gespräch einmal ironisch geäußert zu haben, daß ich nicht glauben wollte, daß es an der Börse wirklich um höhere Werte ginge. Es waren keine hoffnungslosen Idioten, die da empört über mich herfielen, und auch keine Börsenmakler. Es waren einfach gläubige BRD-Bürger. Theoretisch geben sie auch ungefragt zu, daß das System der Bundesrepublik gewiß nicht ideal sei. Das gab die DDR-Führung von ihrem System übrigens auch zu. Es sei aber historisch überlegen, war damals das durch nichts zu belegende Argument, und wurde von kaum einem geglaubt. Daß der Kapitalismus, weil er übriggeblieben ist, gesiegt habe, ist genauso wenig bewiesen, wird aber allgemein geglaubt.

Zu den anderen Glaubenssätzen des Bundesbürgers gehört, daß die DDR eine Diktatur war, während die Bundesrepublik eine Demokratie ist. Und wenn einer wie Grass nur leicht einschränkend meint, die DDR wäre doch immerhin sowas wie eine kommode Diktatur gewesen, dann schreien die Hohepriester der Demokratie auf. Als ich in Bonn in einer Rede bemerkte, daß Honecker kaum anders reagiert hätte auf eine Rede von Stefan Heym, als Kohl es getan hat bei der Rede des Alterspräsidenten Heym im Bundestag, da wurde mir zu verstehen gegeben, wo die Demokratie ihre Grenzen hätte – da nämlich, wo man sie mit der Diktatur vergleicht.

Und als ich dann im Auftrag eines Frankfurter Verlages meine fiktive Alterspräsidenten-Rede an den Bundestag aufgeschrieben hatte, wurde mir bedauernd mitgeteilt, daß ich hier denn doch zu weit ginge. Und ich sollte doch konstruktiv umgehen mit unserer Demokratie. Das, was ich zu sagen hätte, könne man nicht drucken.

Daß man es doch drucken kann, daran habe ich, trotz meines tiefen Glaubens an den Zweifel im allgemeinen, im besonderen keinen Zweifel.

MEIN LINKER FREUND, DER ACHTUNDSECHZIGER

Mein Freund war immer stolz darauf, ein Linker zu sein. Auch jetzt noch, da er weit weniger links ist, ist er doch nicht weniger stolz. Die Begriffe »links« und »rechts« sagen ihm einfach nichts mehr. Aber seinen Stolz hat er sich nie nehmen lassen, damals so wenig wie jetzt. Um diesen Stolz habe ich ihn immer beneidet. Unsereins hat sich allenfalls geschämt für seine DDR, für das, was man so mitgemacht hat, für den im Inneren tief empfundenen, aber nach außen kaum geleisteten Widerstand.

Früher war mein Freund stolz auf seine Verachtung für das Establishment. Heute ist er stolz, »irgendwie – machen wir uns nichts vor – dazuzugehören«. Mit so einer Weltanschauung wie seiner damaligen so weit hochzukommen, also das soll ihm bitteschön erst mal einer nachmachen. Und aus seiner Weltanschauung hat er nie und nirgends ein Hehl gemacht. Das tut er auch jetzt nicht, da er diese Weltanschauung gar nicht mehr hat. Sie wäre jetzt schließlich auch ein bißchen unpassend in seiner Stellung. Aber daß er diese Anschauungen alle mal hatte, daraus macht er auch heute kein Hehl.

Ein bißchen pubertär war das ja damals schon. Das gibt er zu. Aber missen möchte er seine linke Vergangenheit um keinen Preis. Sicher war das alles damals ein Irrtum, von heute aus betrachtet. Aber man hatte wenigstens noch Ideale, und sowas streift man nicht einfach ab. Im Herzen bleibt man irgendwie links. Das sagt mein Freund immer, wenn er von alten Zeiten erzählt. Und er erzählt gern von seiner Apo-Zeit.

Was er damals so alles riskiert hat, das sollten ihm die unverbesserlichen linken Spinner von heute erstmal nachmachen. Der Verfassungsschutz wußte schon, wen er da vor sich hatte. Das waren keine läppischen christlichen Friedensgruppen wie im Osten. Wer vom Verfassungsschutz observiert wurde, der mußte schon wirklich was vorweisen können im Widerstand. Das erzählt mein linker Freund von damals heute jedem, der ihm vorwirft, er wäre angepaßt. Daß er es trotz seiner Vergangenheit so weit gebracht hat, beweist doch nur, wie weit er es hätte bringen können, wenn er wirklich angepaßt gewesen wäre.

Mich mag mein linker Freund nicht mehr so, seit ich ihn so maßlos enttäuscht habe mit meiner miefigen DDR und dieser ganzen Stasi-Scheiße. Er fragt zwar nicht direkt, ob ich nicht vielleicht auch dabei war. Aber daß er von denen, immer wenn er bei mir zu Besuch war, observiert wurde, steht ja wohl fest. Schließlich hat er Kopf und Kragen riskiert mit der ganzen maoistischen Literatur, die er für mich über die Grenze geschmuggelt hat. Das läßt er sich von keinem Menschen ausreden.

Jetzt, da er endlich klarsieht, wirft er mir vor, daß ich gar nicht so bin, wie ich seiner Meinung nach früher hätte gewesen sein sollen. Daß ich damals nicht in die Partei eintrat, um das System von unten her zu unterwandern, wie er mir geraten hatte, das hat er damals zwar nicht ganz begriffen, aber irgendwie akzeptiert. Damals glaubte er ja noch, ich würde mich im Osten einfach besser auskennen als er. Heute weiß er, was das für ein Irrtum war.

Deshalb mag er auch heute gar nicht mehr so recht glauben, daß ich nicht doch in der Partei war oder einer vergleichbaren Organisation. Heute waren wir für ihn früher alle irgendwo drin und dabei. Aber am meisten stört ihn an uns dieser Ostmief, den wir auch in den neuen Kleidern mit uns herumschleppen. Und dann dieses Gejammer! Was soll er denn sagen? Ihn haben wir doch schließlich enttäuscht und nicht umgekehrt. Jedenfalls, wenn sich einer beklagen dürfte, dann wäre er das doch wohl.

Bei allem Stolz auf sich selbst, für mich schämt sich mein linker Freund heute. Vor allem stört ihn, daß wir so lange befreundet waren, ohne daß er mich wirklich durchschaute. Heute kann ich ihm selbstverständlich nichts mehr vormachen. Damals habe ich ihn irgendwie hintergangen, indem ich ihm nicht immer und nicht klar genug widersprach, wenn er mir sagte, daß das im Osten doch immerhin eine Alternative wäre. Natürlich nicht für ihn. Aber daß ich das aushielt, diesen Real-Existierenden, das fand er damals ganz prima. Und überhaupt sollte ich damals bloß nicht denken, im Westen wäre irgendwas besser. Was im Osten die Stasi, wäre im Westen der Konsumterror.

Natürlich hat mein Freund bei der Gauck-Behörde sofort Antrag auf Akteneinsicht gestellt. Daß angeblich keine Akten über ihn gefunden wurden, beweist ihm nur, für wie gefährlich ihn die Stasi gehalten hat. Die wirklich gefährlichen Akten wurden natürlich in letzter Minute zuerst vernichtet. Meinem Freund macht keiner mehr was vor. Er kennt doch die Staatssicherheit und ihre Tricks.

Daß ich keinen Antrag auf Akteneinsicht stelle, das kann mein Freund bei aller Liebe nicht verstehen. Natürlich will er mir nichts unterstellen, das ist einfach nicht seine Art. Aber er fragt sich schon, ob ich ihm immer ehrlich gesagt habe, mit wem ich hier über ihn so geredet habe. Und wenn ich ihm dann sage, daß mir diese ganze Stasi-Hysterie auf die Nerven ginge und daß ich Wichtigeres zu lesen hätte als diesen Dreck, dann findet er es – gelinde gesagt – sehr merkwürdig, wie ich Deutscher mal wieder mit meiner Vergangenheit umgehe. Mein Verhalten erinnert ihn verdammt – und jetzt kann mein Freund seine moralische Empörung einfach nicht mehr verbergen – an das Verhalten seiner Eltern, die damals nach fünfundvierzig auch nichts mehr wissen wollten von dem, was sie vorher getan hatten.

Daß ich ihm entgegne, ich wisse sehr wohl noch, was ich in der DDR getan oder nicht getan habe, und nicht glaube, bei der Stasi die Wahrheit über mich zu finden, das hört mein Freund in seiner ehrlichen Empörung nicht mehr. Ja, er hat wieder etwas von dem Feuer damals achtundsechzig. Unerbittlich erinnert er mich daran, daß ihn gerade dieses Verhalten seiner Eltern und meiner Eltern natürlich auch auf die Barrikaden getrieben hätte. Und wenn er nur etwas jünger wäre, und wenn ihm sein Job etwas mehr Zeit ließe, dann würde er vielleicht noch einmal von meinem so typisch deutschen Verhalten auf die Barrikade getrieben.

Das zeichnet meinen Freund, den Achtundsechziger wohl überhaupt aus. Was immer ihn auf die Barrikade getrieben hat oder treibt – es ist das Verhalten der anderen.

DIE KAPITALISTIN

Nicht alles, was wir in der DDR gelernt haben, wa ganz und gar falsch. Fast nichts allerdings war auc ganz und gar richtig. Die meisten der damals gelehrte Wahrheiten waren – das haben viele neue Wahrheiten mi den alten gemeinsam – ein bißchen wahr beziehungs weise von wechselnder Halbwertzeit.

Am wenigsten haltbar erwiesen sich immer wieder di als ewig und unverbrüchlich ausgegebenen Wahrheiten Dazu gehörte alles, was wir über den Sozialismus zu ler nen hatten. Um zu erkennen, daß das alles von hinte bis vorn erstunken und erlogen war, mußten wir nich erst das Ende dieser Sozialismus-Abart à la DDR ab warten. Wie wenig die verkündeten Wahrheiten mit de erlebten Wirklichkeit zu tun hatten, das sah auch, we nur zu gern an alles geglaubt hätte, was die Partei für di Wahrheit zu halten beschlossen hatte.

Was man uns zu DDR-Zeiten über den Kapitalismu erzählte, hielten wir aus gegebenem Anlaß für genaus unzutreffend. Ja, diese DDR mußte erst ganz und ga untergegangen sein, damit wir begriffen: Es war nich alles falsch, was man uns in der DDR über den Kapita lismus erzählt hat. Manches an diesem nunmehr geleb ten Kapitalismus scheint geradezu nach dem Bilde de Parteilehrjahrs geformt zu sein. Manchmal fragt man sic kopfschüttelnd, ob er sich, der Kapitalismus nämlich, nicht ein bißchen schämt, auf so peinliche Weise dem Bilde zu entsprechen, das die SED einst von ihm gezeichnet hatte.

Aber gerade das gehört zu den wesentlichsten Eigenschaften dieses Kapitalismus – er schämt sich überhaupt nicht. Ja, er scheint sich geradezu lustig zu machen über jeden, der sich Illusionen über seine Beschaffenheit machte. Also über uns sechzehn Millionen ehemaliger DDR-Bürger kann er nur lachen. Und je mehr er lacht, desto mehr vergeht uns das Lachen.

Zu den Lehrsätzen, die ich seinerzeit eingetrichtert bekam, gehörte der von der Determiniertheit des einzelnen Kapitalisten. Der einzelne Kapitalist, lernte ich, könne subjektiv ein noch so guter Charakter sein, objektiv gehöre er zur ausbeutenden, also bösen Klasse. Die subjektive Schönheit seines Einzelgesichtes vermag nicht zu täuschen über die häßliche Fratze seiner objektiven Ausbeuterpersönlichkeit.

Das war mir sogar, ich gebe es beschämt zu, zeitweise logisch erschienen. Als ich dann aber auf den Umkehrschluß kam, daß nach derselben Logik nämlich jeder Sozialist, sei er subjektiv noch so mies und häßlich, objektiv zum besseren und schöneren Teil dieser Menschheit gehörte, da zweifelte ich auch an der gesetzmäßigen Schlechtigkeit des einzelnen Kapitalisten.

In meinem engeren Familien- und Bekanntenkreis kamen Kapitalisten nicht vor. In der Familie meiner Frau hingegen wimmelte es geradezu von solchen objektiven Bösewichtern, die ich subjektiv als solche nicht empfand.

Daß sie daheim, in ihrem fernen Kapitalismus, einer reinen Ausbeutertätigkeit nachgingen, daran dachte ich gar nicht. Sie waren Westler wie andere auch, und Westler waren in unseren östlichen Augen alle reicher als wir. Über die ganze Ausbeutung machten wir höchstens Witze. Während im Kapitalismus die Ausbeutung des Menschen durch den Menschen erfolge, sei das im Sozialismus genau umgekehrt.

Unser Kapitalismusbild jedenfalls war wesentlich mehr vom Werbefernsehen geprägt als von Marx. Und als mir Mitte der achtziger Jahre eine Dame aus Bayern schrieb, sie sei das, was man bei uns in der DDR eine Kapitalistin nenne, wußte ich mir darunter kaum etwas vorzustellen. Immerhin passierte es nicht alle Tage, daß ein Kapitalist sich Kapitalist nannte. Ausgerechnet diese Frau, die all ihren Reichtum benutzte, um anderen zu helfen – bevorzugt Häftlingen und Künstlern – nannte sich Kapitalistin. Sie stammte aus Dresden. War in den Kriegs- und Nachkriegswirren mit ihrem Mann nach Bayern verschlagen worden und hatte dort aus dem Nichts, wie sie sagte, ein mittelständisches Stahlunternehmen aufgebaut. Als ihr Mann starb, führte sie das Werk allein weiter – wirtschaftlich immer erfolgreich, wie sie betont. Aber mit dem kapitalistisch verdienten Geld leistet sie sehr praktische Nächstenhilfe.

Als ich ihr dann in Bayern zum ersten Mal begegnete – es war bei einem Gastspiel der Dresdner Herkuleskeule in München – hielt sie das ganze Ensemble frei. Wer den kapitalistischen Überfluß schon einmal ganz ohne Geld erlebt hat, der weiß, wie unwirtlich er sein kann. Für uns Ostkünstler auf Westgastspiel war es da in München ziemlich unwirtlich, nein, wäre es unwirtlich gewesen ohne sie, die so unauffällig für uns alle zahlte, daß es uns gar nicht unangenehm werden konnte.

Sie verstand und versteht so zu geben, daß es dem Nehmenden fast normal erscheint, daß ihm gegeben wird. Man hatte nie den Eindruck, daß sie bezahlt hat. Es wurde vielmehr bezahlt. Nein, so locker wäre ich damals nicht gewesen, das Geld, das ich so gern gehabt hätte, mir von ihr schenken zu lassen.

Als dann die Wende kam, kam sie nach Dresden, um nachzusehen, was »man« – also sie – tun könnte. Sie hat keine Millionen zu verschenken. Aber was sie gibt, das »rechnet sich«. Für den, der bekommt, und für sie, die gibt, ohne sich als Geberin zu erkennen zu geben. Sie weiß, daß sie geholfen hat. Das genügt ihr. Und der, dem geholfen wurde, muß nicht danke sagen.

Mir hat sie gleich nach Fall der Mauer das geschenkt, was ich am nötigsten brauchte, mir damals aber noch nicht hätte kaufen können: ein Kopiergerät. Sie gibt grundsätzlich keine Almosen. Entlassenen Häftlingen schenkt sie kein Geld. Sie besorgt ihnen Arbeit, damit sie selbst Geld verdienen können. Brotlosen Künstlern verschafft sie Aufträge. Oder Arbeitsmittel.

Da sie inzwischen sehr alt geworden ist, hat sie sich aus ihrem Unternehmen fast ganz zurückgezogen. Sie verwaltete zuletzt nur noch die Stiftung. Neulich rief sie mich an und sagte, sie müsse nun doch wieder richtig arbeiten. Der Betrieb wäre in die roten Zahlen gekommen, ihre leitenden Herren hätten am Markt vorbei geplant.

Ja, sie versteht den ganzen Kapitalismus, sie weiß, wie man Gewinne macht. Sie ist mit Leib und Seele Kapitalistin. Ihr liegt daran, daß dieses System erhalten bleibt, an dem ich so meine Zweifel habe.

Der Sozialismus ist seinerzeit an zu wenig Sozialismus zugrunde gegangen. Im Moment sieht es so aus, als könnte der Kapitalismus an zu viel Kapitalismus zugrunde gehen. Dem arbeitet meine Freundin, die bekennende Kapitalistin, entgegen. Wenn es mehr von ihrer Sorte gäbe, hätte der ganze Kapitalismus eine wirkliche Überlebenschance.

WIE SICH ALLES WANDELT UND GLEICHBLEIBT

Hier im Osten Deutschlands, der nicht mehr DDR, aber deshalb noch lange nicht Bundesrepublik ist, hat sich in den letzten Jahren so vieles verändert – die Gesellschaftsordnung, die Telefonnummern, die Uniformen, die Besitzverhältnisse und vor allem die Straßennamen. Es war so etwas wie ein heiliger Krieg um die Umbenennung unserer Straßen und Plätze. Zumindest aus dem Straßenverzeichnis sind die vierzig Jahre DDR nahezu vollständig getilgt. Hier und da begegnet man vielleicht nochmal einer vergessenen Thälmannstraße in der Provinz.

Aber obwohl jetzt so vieles hier anders heißt, ist doch erstaunlich vieles noch so, wie es war, als sich hier gar nichts zu ändern schien. Die Leute, die in den umbenannten Straßen wohnen, zum Beispiel. Straßennamen übrigens wurden auch zu DDR-Zeiten immer mal geändert. Da hatten wir also Übung. Was aber mit der Wende für Umbenennungen auf uns zukam, das übertraf doch manchmal unser Fassungsvermögen. Neue Zeiten scheinen sich in Deutschland immer wieder vor allem durch neue Straßennamen bemerkbar zu machen.

Jede neue Zeit beruft sich auf eine neue Vergangenheit, und dann muß die jeweils alte Vergangenheit aus der jeweils neuen Zeit verbannt werden. Es ist ein Menschenrecht, selbst zu entscheiden, an welche Vergangenheit man sich gerade erinnern mag. Eine besonders originelle Umbenennung wurde aus Dresden bekannt. Da gab es zu Zeiten der deutschen Teilung den Platz der Einheit. Seit es die Einheit gibt, trägt der Platz wieder den Namen des sächsischen Königs Albert, nach dem in Dresden jetzt vieles benannt wird, so wie früher eben vieles nach Wilhelm Pieck benannt worden war. Wandel durch Kontinuität ist das. In Ostberlin übrigens hatte man allen Ernstes vor, die Tucholskystraße in Mitte wieder in Artilleriestraße zurückzubenennen. Wenn wir uns wandeln, dann bis zur Unkenntlichkeit.

Die Endzeit der DDR, von der wir nicht ahnten, daß es die Endzeit war, war eine bleierne Zeit. Die uns regierten, beschworen immer wieder ihre eigene Jugend als die in die Zukunft weisende Vergangenheit. Sie schienen viel eher als wir Regierten zu ahnen, daß ihre Zeit um war. Deshalb versuchten sie so krampfhaft wie vergeblich die Zeit – ihre Zeit – anzuhalten.

Honeckers letzte Auftritte wirkten immer gespenstischer. Sein letzter Fackelzug sollte wohl noch einmal seine längst vergangene FDJ-Zeit zurückholen. Seine letzte Rede, die ich im Fernsehen sah und hörte, richtete sich an Parteiveteranen seiner Generation und enthielt den schönen Spruch: Vorwärts immer, rückwärts nimmer! Das letzte Lied, das ich ihn mit brüchiger Stimme singen hörte – auch auf jener Veteranenzusammenkunft – hatte die einprägsame Refrain-Zeile: Die Partei, die Partei, die hat immer recht. Zu seinen Lieblingsliedern gehörte im hohen Alter ein FDJ-Lied aus sehr frühen

DDR-Tagen: Bau auf, bau auf, Freie Deutsche Jugend, bau auf!

Nein, ein Intellektueller war er nicht. Auch die Leute, mit denen er sich umgab, schienen das nicht zu sein. Man sehe sich nur nochmal so ein altes Politbüro-Gruppenbild an – der niedrige Intelligenzquotient scheint den hohen Genossen förmlich ins Gesicht geschrieben. Mit denen war nicht nur kein Schönheitswettbewerb zu gewinnen. Ich weiß nicht, welchen Intelligenztest man ihnen hätte zumuten dürfen, ohne sie vor aller Welt bloßzustellen. Ähnliche Fotos von der Bundesregierung habe ich noch nicht gesehen, also enthalte ich mich eines Vergleichs. Aber das – gelinde gesagt – gestörte Verhältnis von Geist und Macht in Deutschland scheint ganz und gar unabhängig vom politischen System alle Zeitenwenden zu überdauern. Honecker hat die Intellektuellen gefürchtet. Kohl verachtet sie und macht – im Gegensatz zu Honecker – aus seiner Haltung kein Hehl. Weniger verkrampft geht es also jetzt wenigstens zu in Deutschland.

Zu den deprimierendsten Büchern, die ich je gelesen habe, gehört das Honeckersche Interview-Buch »Der Sturz«. Gefaßt war ich auf alle nur möglichen Arten von Rechtfertigung und Selbstgerechtigkeit, auf Schuldzuweisungen, Klagen und Anklagen. Aber was da zu lesen ist, ist viel schlimmer – es ist auch nicht etwa die Banalität des Bösen. Es ist, wenn es denn so etwas gibt, die Banalität selbst, das sich selbst referierende Nichts, die Leere an und für sich. Beim Lesen hatte ich immer nur den einen Gedanken: Und von so einem haben wir uns regieren lassen! So jemand wurde ernstgenommen in der Welt. Er saß an einem Tisch mit den Mächtigen aus Ost und West, und sie haben nichts gemerkt! Sollten sie vielleicht auch ... Oder sollte man Politikermemoiren einfach nicht lesen? Geht es ihnen vielleicht mit der Macht wie den Krankenschwestern mit ihrer Tracht? Wenn sie abgelegt ist, ist der Zauber dahin. Was aus einem General ohne Uniform wird, ist in Berlin am Innensenator zu studieren.

Nachdem ich das Buch ausgelesen hatte, wäre ich am liebsten vor Scham im Erdboden versunken. Denn bei aller Distanz zum Staatsratsvorsitzenden und seiner Macht, bei allen Witzen, die wir natürlich über ihn gemacht hatten – schon aus Selbstachtung hatten wir uns doch auch einreden müssen, daß er so simpel, wie er wirkte, gar nicht sein konnte. Schließlich hatten wir uns doch von ihm, wie unfreiwillig auch immer, beherrschen lassen. Und dann seine antifaschistische Vergangenheit, seine Jahre im Zuchthaus Brandenburg! Was blieb, war nur das hohle Gerede eines überforderten alten Mannes, dem das Wichtigste zu sein schien, der Nachwelt mitzuteilen, daß er auch nicht besser oder luxuriöser gelebt hätte, als das von ihm regierte Volk.

Ich begann zu begreifen, wieso da im Westen nur noch mit dem Kopf geschüttelt wurde über uns, wie sie lachten, als die Fernsehbilder aus Wandlitz das Kleinbürger-Paradies unserer Arbeiterführer zeigten. Von denen hatten wir uns was vom Sieg des Proletariats erzählen lassen! Von deren »revolutionärer Wachsamkeit« hatten wir uns einschüchtern lassen! Da war nichts von schrecklichen Tyrannen oder wenigstens als solchen erkennbaren Bösewichtern. Eine Handvoll zänkischer alter Männer kam zum Vorschein, die einander offensichtlich noch nie hatten leiden können, die einander bespitzelt und verpetzt hatten beim großen Bruder in Moskau.

Ich kaufte alle Bücher, sah alle Fernsehsendungen, in denen ich meinte, etwas von den Herrschaftsstrukturen von Partei, Staat und Staatssicherheit zu erfahren. Je mehr ich erfuhr, desto weniger verstand ich, wieso das so lange hatte funktionieren können. Daß dieser ganze Staat kein so monolithischer Apparat war, als der er im Westen dargestellt wurde und sich selbst auch am liebsten darstellte – demokratischer Zentralismus hieß das –, das war mir schon zu DDR-Zeiten klar. So eine Art Feudalsozialismus war es mit vielen großen und kleinen Fürsten, die zwar von einander abhängig waren, einander aber auch immer eifersüchtig überwachten und bekämpften. Stalin war schon lange tot. Man mordete einander nicht mehr, aber die Strukturen waren und blieben bis zum Ende stalinistisch.

Wieso hatte ich das nur nicht so klar erkannt zu DDR-Zeiten? Oder hatte ich es durchschaut und verdrängt? Der aller Demokratie hohnsprechende Führungsanspruch der SED stand ja sogar in der Verfassung. Habe ich nicht doch viel mehr gewußt, als ich mir eingestehen wollte? Hätte ich nicht wenigstens vieles wissen können, wenn ich nur gewollt hätte? Nun mußte ich mir also selbst ganz ähnliche Fragen stellen, wie sie einst unsern Eltern gestellt wurden – was sie gewußt hatten oder zumindest hätten wissen können, wenn sie nur gewollt hätten, damals in der Nazizeit. So wenig man die beiden deutschen Diktaturen vergleichen kann, so sehr ähnelt sich doch das Verhalten der Überlebenden. Aber einen entscheidenden Unterschied gab es diesmal. 1945 standen alle Deutschen vor denselben Fragen. 1989 war nur eine östliche Vergangenheit zu befragen. Und dummerweise hörte man zu viele Antworten aus dem Westen, noch bevor man sich selbst die Fragen stellen konnte. Alles, was in den Nachkriegsjahren verdrängt worden war, sollte nun endlich offengelegt werden. Diesmal fragten nicht die Söhne und Töchter, diesmal fragten und antworteten die Brüder und Schwestern.

Daß das genauso schiefgehen mußte, wie es schiefgegangen ist, liegt auf der Hand. So wie wir uns im Osten Schuldsuche und Schuldzuweisung ganz am Anfang zu leicht gemacht hatten, indem wir immer nur auf andere zeigten – Stasi und SED –, so einfach machte es sich kurz darauf der Westen, indem er auf so ziemlich alle zeigte, die das hier mitgemacht hatten. Zeugen könnten hier und da wenigstens versuchen sich zu erinnern. Angeklagte werden sich immer nur verteidigen.

Da aber Angriff noch immer die beste Verteidigung ist, sagen wir heute nicht mehr nur: Es war nicht alles schlecht in der DDR. Vielmehr fragen wir mit neuem Selbstbewußtsein: Wie sieht es denn heute aus? Und da es heute eben auch nicht so rosig aussieht, wie wir uns erhofft hatten, oder man uns einzureden versucht, kann es schon vorkommen, daß wir plötzlich eine rosig verklärte DDR-Vergangenheit gegen eine ziemlich graue Gegenwart setzen. Das machen wir natürlich nur, wenn wir unter uns sind, Ostler unter Ostlern. Wenn Westler dabei sind, reicht es ja meist schon, irgendwas an diesem geschenkten System Bundesrepublik zu kritisieren, um die Frage gestellt zu bekommen, ob man die DDR wiederhaben wolle.

Hier meine ganz persönliche Antwort: Die DDR möchte ich nicht wiederhaben, nicht einmal tage- oder stundenweise. Aber wenn ich sehe, von wem wir heute so regiert werden, dann sage ich mir doch: Ihre Memoiren werde ich nicht lesen. Das tue ich mir nicht nochmal an.

EIN LEBEN IN DANKBARKEIT

Wenn irgendwo in Europa eine Regierung so richtig abgewirtschaftet hat, wird sie abgewählt oder anderswie gestürzt. Nicht so in Deutschland. Wir Deutschen wählen unsere Regierung auch dann noch wieder, wenn selbst die Regierung schon gar nicht mehr damit rechnet.

Je schlechter wir regiert werden, desto mehr fürchten wir, daß sich irgendwas ändern könnte. Lieber eine Regierung, von der man weiß, wie unfähig sie ist, als eine Opposition, von der man das noch nicht weiß.

Die Deutschen scheinen dankbar zu sein, überhaupt regiert zu werden. Überhaupt spielt Dankbarkeit im Verhältnis von Regierenden und Regierten in Deutschland eine große Rolle. Als in Hamburg ein regierender Bürgermeister weniger Stimmen bekam, als er sich vorgenommen hatte, ließ er seine undankbaren Wähler beziehungsweise Nichtwähler deutlich spüren, was sie mit ihrer Undankbarkeit angerichtet hatten. Sie hatten ihn, ihren Bürgermeister so enttäuscht, daß er sich sofort von seinem undankbaren Volk zurückzog und sich weigerte, es weiter zu regieren. In Deutschland bestimmt eben der Regierende, wie lange er regieren mag, nicht der Wähler. Der Wähler kennt nur eine Angst – für undankbar gehalten zu werden.

So lange ich denken kann, wurde von mir Dankbarkeit erwartet. Vorher hatten meine Eltern ihrem deutschen Führer so dankbar zu sein, daß mein Vater seine übergroße Dankbarkeit gar nicht überlebte. Als das deutsche Volk dann trotz geradezu unglaublicher Treue und Dankbarkeit diesen Führer überraschenderweise doch überlebt hatte, vergaß es ihn allerdings mit atemberaubender Geschwindigkeit und richtete all seine neue Dankbarkeit auf die Befreier. Westdeutschland war ab sofort den USA dankbar, Ostdeutschland der UdSSR. Dieser sofort einsetzenden neuen Dankbarkeit war es unter anderem zu danken, daß den Deutschen auf beiden Seiten ihre frühere Anhänglichkeit an den Führer rasch vergeben und vergessen wurde.

Meine erste, ganz bewußte Erinnerung ist die an den Moment der Befreiung durch die Rote Armee, die ich allerdings damals nicht als Befreiung empfand. Im Gegenteil. Ich erinnere mich, ganz schreckliche Angst gehabt zu haben vor diesen schlitzäugigen Ungeheuern mit den Maschinenpistolen, die uns unten im Hof erwarteten, nachdem sie den Kirchwinkel in Finsterwalde ohne einen Schuß erobert hatten. Meine ersten russischen Soldaten waren offenbar Asiaten und erfüllten so alle Voraussetzungen für einen deutschen Kinderschreck. Ich weiß noch, wie froh meine Mutter und die anderen Hausbewohner waren, als diese Soldaten, ohne uns etwas anzutun, einfach wieder abzogen. Dafür waren wir ihnen sehr dankbar.

Als ich wenige Jahre später in meiner Geburtsstadt Finsterwalde zur Schule kam, war das erste, was man mir beibrachte, dankbar zu sein für meine Befreiung durch die ruhmreiche Sowjetarmee mit dem größten Feldherrn aller Zeiten, dem weisen Josef Wissarionowitsch Stalin, an der Spitze. Auch daß mein Vater im Zuge meiner Befreiung sein Leben verloren hatte, erschien jetzt fast natürlich, hatten wir doch in jenem Stalin auch den Vater aller Werktätigen auf unserer Seite.

Diese erlernte, tiefe Dankbarkeit blieb allerdings, für mich zumindest, eine ganz und gar theoretische Sache. So richtige Dankbarkeit empfand ich nur, wenn mir einer der zahlreichen russischen Soldaten Brot schenkte oder – auch das ist vorgekommen – gar ein Stück Würfelzucker. Ich weiß nicht, ob ich dann immer danke gesagt habe, aber empfunden habe ich eine von Herz und Magen kommende Dankbarkeit, ohne dazu aufgefordert werden zu müssen.

Ähnliche Gefühle der Dankbarkeit empfand ich gegenüber anderen Leuten in Finsterwalde, die mir direkt oder auf dem Umweg über meine Mutter halfen, nicht zu verhungern. Davon gab es einige. Soweit ich mich erinnere, verlangten sie, anders als der große unbekannte Stalin, keine ewige Dankbarkeit. Dafür bin ich ihnen heute noch dankbar, denn ich erinnere mich nur zu genau daran, wie deprimierend es war, immer nur dankbar sein zu müssen für Almosen, ohne die wir nicht überlebt hätten. Wie gern hätte ich selbst einmal was zu Verschenken gehabt!

Auch als ich später mein erstes Geld verdiente mit Kegel-Aufsetzen und Kohle-Rauftragen, hatte ich immer das Gefühl, dankbar sein zu müssen, daß ich diese Arbeit tun durfte und auch noch Geld dafür bekam. Die große, umfassende Dankbarkeit, die ich dem großen Stalin und seiner Sowjetarmee schuldete, beschäftigte mich viel weniger. Diese Dankbarkeit teilte ich ja mit allen Finsterwaldern, und ich kannte eigentlich keinen, den das irgendwie zu beschäftigen schien.

Im Laufe der Zeit wechselten dann auch die Dankbarkeitsadressen. Und wenn ich zu meinen Verwandten nach Westberlin kam, erfuhr ich, daß sie ganz anderen Leuten dankbar waren, und diese Dankbarkeit wurde ihnen so ganz anders entgolten. Sie bekamen aus dem Land ihrer Befreier Freßpakete geschickt, und da wünschte ich schon manchmal, die Befreier mit ihnen, meinen Westverwandten, zu tauschen. Aber seine Befreier konnte man sich nicht aussuchen. Statt der Care-Pakete bekam ich eines Tages ein blaues Pionierhalstuch geschenkt, das mich zwar nicht satt, aber doch ziemlich stolz machte.

Im Laufe der Jahre ließ dann unsere ostdeutsche Dankbarkeit für Stalin merklich nach. Das drückte sich darin aus, daß sein Name seltener erwähnt wurde. Dafür waren wir jetzt dem Sowjetvolk im allgemeinen und immer mehr auch den eigenen Vorbildern dankbar, der deutschen Arbeiterklasse und ihrer Partei. Auf diese Art und Weise gerieten wir Ostdeutschen dann allesamt mit auf die Seite der Sieger der Geschichte, und wäre nicht mein toter Vater gewesen, ich hätte ganz vergessen, daß das nicht immer so war. Deutsche Arbeiterführer wie Pieck, Grotewohl und Ulbricht sorgten dafür, daß junge Menschen wie ich zur Schule gingen und dort das

Wissen erwarben, das sie zu allseits gebildeten sozialistischen Persönlichkeiten machte. Auch wenn es hier und da mit der Versorgung nicht so recht klappte, waren wir dem Westen doch um eine ganze Gesellschaftsordnung voraus. Dort gab es zwar Kaugummi und Schokolade, aber keine sozialistische Zukunft.

Meine Tante Anneliese in Berlin-Wilmersdorf aber konnte gar nicht oft genug betonen, wie dankbar sie wäre, in Westberlin zu wohnen, wo es Milch und Honig gäbe und keine Kommunisten.

Daß meine Mutter mit ihren drei Kindern im Osten blieb, konnte sie zwar nicht verstehen, aber dann meinte sie doch auch immer, mit drei Kindern wäre es auch im Westen nicht ganz leicht, so ganz ohne Vater. Ich versuchte, die Vorteile beider Systeme zu genießen, indem ich, wann immer ich konnte, meine Tanten in Westberlin besuchte, um mir Schokolade, Kaugummi und Karamelbonbons schenken zu lassen, während ich in Finsterwalde die Vorteile sozialistischer Schulbildung genoß. Wie nichtsozialistische Bildung aussah, wußte ich nicht, um so besser kannte ich den Geschmack westlicher Süßigkeiten. Also war ich sowohl meinen Westtanten als auch meiner Ostschule dankbar, denn beide – meine Westtanten und die Ostschule – legten Wert auf meine Dankbarkeit.

Nachdem ich dem Arbeiter- und Bauernstaat eine Grundschulausbildung verdankte, durfte ich auch noch das Abitur machen, immer mit der Gewißheit, eine glückliche Zukunft vor mir zu haben, die ich wie alles dem sozialistischen Staat verdankte. Von mir erwartete man Ordnung, Fleiß und Dankbarkeit, und daß ich keine allzu dummen Fragen stellte – etwa nach dem dankbar vergessenen Väterchen Stalin.

Manche meiner Mitschüler waren undankbarer als ich. Sie gingen mit ihren Eltern in den Westen und ließen uns und die ganze Republik im Stich. Republikflucht war der Gipfel an Undankbarkeit und galt als Verrat. Damals, als die Grenze in Deutschland noch grün war und in Berlin keine Mauer stand, machte aber mancher Republikflüchtling seinen Verrat auch schnell wieder gut, indem er zurückkam ins Arbeiter- und Bauernparadies, wo ihm dann auch manchmal genau die Wohnung zugesprochen wurde, die er vor seiner Flucht partout nicht bekommen hatte. Solche Teilzeit-Flucht nannte man damals in Finsterwalde auch eine einfache Wohnungsbeschaffungsmaßnahme.

Da die Arbeiterklasse in der DDR auch die Kultur und Kunst förderte, ermöglichte sie mir ein Studium an der Leipziger Theaterhochschule, gab mir dafür ein Stipendium und erwartete auch hier wieder nichts als Dankbarkeit, immer wieder Dankbarkeit. Ich gebe zu, diese Dankbarkeit nicht immer im geforderten Maße empfunden zu haben. Manchmal kotzte mich das ganze Gerede von Dankbarkeit geradezu an. Zum Beispiel, wenn wir Schauspielstudenten, statt sprechen, singen und fechten zu lernen, zu Arbeitseinsätzen in die Landwirtschaft oder Braunkohle geschickt wurden, wo wir den Arbeitern und Bauern unsere Dankbarkeit beweisen sollten, indem wir keinem nützten, aber allen im Weg standen. Ganz nebenbei erfuhren wir bei solchen Ausflügen in die

»Produktion«, wie wenig sich der einzelne Arbeiter und Bauer aus seinem Arbeiter- und Bauernstaat im allgemeinen machte und wie wenig ihn unsere Kultur und Kunst interessierte.

Aus Dankbarkeit für das staatliche Geschenk eines Hochschulstudiums mußten sich die Studenten verpflichten, nach dem Studium dort zu arbeiten, »wo sie die Partei hinstellte«. Nein, Dankbarkeit war in der DDR nicht nur theoretisch gefordertes Gefühl. Manchmal war sie ziemlich konkret ausgeübter Druck. Aus Dankbarkeit wurde man Soldat, Parteimitglied oder Stasispitzel. Ein Staat, der seinen Bürgern alles schenkte, durfte auch alles von ihnen verlangen. Bürger, die das nicht einsahen, waren eben undankbar, beziehungsweise – so hieß das auch – sie hatten nicht die erforderliche staatsbürgerliche Reife.

Ganz und gar unbegreiflich blieb der Partei zum Beispiel, wieso Künstler und Schriftsteller, die im sozialistischen Staat Künstler und Schriftsteller hatten werden dürfen, diesen sozialistischen Staat kritisieren konnten. Angesichts solcher Undankbarkeit reagierten die Regierenden ganz und gar beleidigt. Schließlich verlangten sie von ihren Künstlern doch nicht nur Dankbarkeit. Sie bewiesen ihnen doch auch Dankbarkeit, indem sie dem dankbaren, also folgsamen Künstler Preise und Privilegien zukommen ließen. Ja, solche Preise wurden manchmal auch schon vorbeugend verliehen, um weiterer Undankbarkeit zuvorzukommen. Denn alle Dankbarkeit hatte auf Gegenseitigkeit zu beruhen.

Die Arbeiter und Bauern dankten der weisen Führung

für weise Führung. Die weise Führung dankte den Arbeitern und Bauern für gute Führung beziehungsweise Planerfüllung oder doch zumindest für den Versuch, die Pläne zu erfüllen. Am Frauentag dankten Partei- und Staatsführung »unseren Frauen und Mädchen« für ihren unverzichtbaren Beitrag zur gemeinsamen Sache. Das besitzanzeigende Fürwort zeigte, wer hier wem gehörte.

Jede Berufsgruppe hatte ihren besonderen Ehrentag, an dem ihr gedankt wurde für »erbrachte Leistungen«. Eine »erbrachte Leistung« konnte gute wie schlechte Arbeit heißen – Dank gab es auf jeden Fall. Es gab einen Tag der Grenztruppen, des Lehrers, des Gesundheitswesens, der Werktätigen des Transportwesens. Einen Tag des Einlaßpersonals gab es noch nicht, aber daß man jedem Pförtner dankbar zu sein hatte fürs Durchlassen, das war jedem Pförtner klar.

Diese allgemeine, nichtssagende Dankbarkeit führte in der DDR dazu, daß kaum noch einer seine Arbeit machte, aber immer überall Dankbarkeit erwartete – der Kellner dafür, daß er bereit war, mit den Gästen dieselbe Luft zu atmen, der Taxifahrer dafür, daß er seinen Wagen überhaupt aus der Garage herausfuhr, die Verkäuferin dafür, daß sie sich in ihrem Laden von fremden Leuten ansprechen ließ und der Postangestellte dafür, daß er seinen Schalter nicht nur aufmachte, sondern auch die eine oder andere Briefmarke herausgab. So kam es denn auch dazu, daß bei ständig wachsender Dankbarkeit die Arbeitsproduktivität immer weiter sank. Noch ganz zum Schluß der DDR, an ihrem vierzigsten Jahrestag, dankte ihr oberster Führer Erich Honecker seinem Volk für die erbrachten Leistungen.

Da aber hatte das Volk längst aufgehört, seiner Regierung noch für irgend etwas dankbar zu sein. Die Folge war, daß die Regierung abdanken mußte. Und da gab es dann einen kurzen, aber unvergeßlichen Augenblick der Dankbarkeitslosigkeit. Er dauerte etwa vom vierten bis zum 9. November 1989. Schon am zehnten waren wir wieder dankbar für Begrüßungsgeld und Südfrucht, für D-Mark und Demokratie.

Statt der Arbeiter- und Bauernmacht sah ich jetzt überall meine vergessen geglaubten Westtanten wieder, denen ich damals Kaugummi und Westschokolade zu verdanken hatte. Sie sitzen im Bundestag und in den Medien, in der Regierung und der Opposition, in den Gewerkschaften und den Arbeitgeberverbänden, und sie sagen alle dasselbe, wenn auch mit unterschiedlichen Worten. »Warum seid ihr denn nur immer so undankbar?«

Weil wir euch schon vierzig Jahre Dankbarkeit voraus haben!

WIR EWIGGESTRIGEN

Je weiter die Wende zurückliegt, desto seltener werden die anonymen Briefe. Sie machen mir auch kaum noch angst. Das war Ende 89/Anfang 90 anders. Da fürchtete ich mich schon vor diesem tapferen Volk der anonymen Briefeschreiber. Auch am Telefon wurde mir von solchen Volksgenossen oft genug versprochen, mit solchen wie mir schnell aufzuräumen. Mal galt ich als Privilegierter des Bonzenregimes, mal als einfacher Feind des Volkes und Antikommunist. Mein letzter Ehrentitel – er wurde mir, auch wieder anonym, vor einigen Tagen verliehen – lautete »mieser Kleinbürger«.

Daraus habe ich mir allerdings nichts mehr gemacht. Kleinbürger bin ich nun mal meiner Herkunft nach. Das galt in DDR-Zeiten als ein Makel, der durchaus mit materiellen Nachteilen verbunden sein konnte. Leute mit meiner Herkunft bekamen zum Beispiel weniger Stipendium als Leute mit proletarischer Herkunft. Ich fand das zwar ungerecht, hätte ich mich aber offiziell darüber beklagt, wäre das nur wieder Beweis meiner anhaltenden Kleinbürgerlichkeit gewesen. Wer damals in den sechziger Jahren kleinlich materielle Nachteile beklagte, hatte eine kleinbürgerliche Haltung, denn er übersah die gewaltigen Ideale eines Sozialismus, die die bessere Zukunft garantierten. Mit diesen Idealen hatte ich so meine Schwierigkeiten. Sie waren so abstrakt und widersprachen aller sozialistischen DDR-Wirklichkeit, daß man kein »schwankendes Element« sein mußte, um sich über sie lustig zu machen. Als mir mein bester Freund einmal bei einem Arbeitseinsatz in der Braunkohle ziemlich verächtlich sagte, daß ich eben ein unverbesserlicher Kleinbürger wäre, traf mich das tief. Er hatte seinerzeit noch einen tiefen proletarischen Glauben an das Bessere in der Arbeiterklasse, den ihm seine Eltern vermittelt hatten. Kurz darauf, ich weiß den Anlaß nicht mehr, verlor auch mein Freund seinen Glauben und wurde ein eher noch kleinbürgerlicher Kleinbürger als ich.

Natürlich nannten wir uns damals nicht Kleinbürger, sondern verachteten alles Kleinbürgerliche aus tiefem, jungem Herzen. Aber oft genug, wenn von kleinbürgerlichem Verhalten die Rede war, erkannte ich an mir Anzeichen solchen Verhaltens. Verbunden mit dem Wort kleinbürgerlich erschien damals auch der Begriff vom Ewiggestrigen. Kurz nach dem Krieg hatte er wohl den unbelehrbaren Nazis gegolten. Jetzt galt er allen und allem, was sich im Widerspruch befand zur fortschrittlichen sozialistischen Weltanschauung. Als Satiriker befand ich mich fast schon von Berufs wegen im Widerspruch zu dieser Weltanschauung, die zum Schluß der DDR nur noch aus einem ganz und gar dümmlichen Optimismus bestand, der nicht nur – wie wir das vom Optimismus im Allgemeinen sagten – ein Mangel an Information war, sondern einen solchen Wirklichkeitsverlust voraussetzte, daß er den meisten DDR-Bürgern krankhaft erschien.

Ganz kurz nachdem hier alles anders geworden war, hörte ich das Schimpfwort vom Ewiggestrigen wieder. Jetzt aber waren die gemeint, die nicht sofort und von ganzem Herzen allem abschworen, was sie einmal geglaubt hatten. Da das Leben nun mal die schönsten Pointen schreibt, nannte mich einer jetzt einen Ewiggestrigen, der das in seiner Eigenschaft als kleiner Parteisekretär schon früher mal getan hatte. Kein besonders böser Mensch, auch keiner, der besonders großen Vorteil gezogen hatte, damals nicht aus seiner unteren Parteifunktion und jetzt auch nicht auf seiner unteren Verwaltungsfunktion. Als ich ihn, allerdings etwas entgeistert, fragte, ob er sich nicht erinnern könnte, mir das schon einmal unter ganz anderen Verhältnissen vorgeworfen zu haben, stritt er es gar nicht ab. Es schien auch kein Problem für ihn zu sein. »Man hat eben dazugelernt«, sagte er, und ich wußte, daß er genau das nicht getan hatte.

Er ist ganz einfach einer von den gar nicht wenigen Ewigheutigen, ein ganz und gar harmloser übrigens. Er hat mir zu DDR-Zeiten nichts getan und wird mir jetzt erst recht nichts tun. Dazu fehlte und fehlt ihm die Macht. Er hat nur seine kleine Verwaltungsposition gerettet, die er – sagen wir – in Düsseldorf auch hätte innehaben können. Dort hätte er nicht umglauben müssen und wäre auf jeden Fall früher und heute besser bezahlt. Und er könnte den Kopf schütteln über seinesgleichen im Osten.

So, wie es diese Ewigheutigen schon immer gibt und geben wird, so ist das wohl auch mit den Ewiggestrigen. Sie wissen nie, was die Stunde geschlagen hat, oder wo der Hase läuft. Sie passen in keine neue Zeit, und da neue Zeiten immer wieder kommen, passen sie eigentlich, wenn ihre Zeit erstmal vorbei ist, in keine Zeit mehr. Ewiggestrig können auch ganz junge Leute schon sein. Und manches an so einer neuen Zeit kann auch sehr alt sein.

Ewiggestrig ist immer der, der anders denkt, beziehungsweise nicht glaubt, was jetzt alle glauben. Für Ewiggestrige kommen die neuen Zeiten und gehen auch wieder, nur ihr Zweifel bleibt über diese Zeiten hinaus bestehen. Für Ewiggestrige war früher nicht alles schlecht und ist heute nicht alles gut. Neu ist für sie kein Qualitätsmerkmal.

Ewiggestrige machen gewöhnlich keine Karriere, nicht weil sie etwas gegen eine Karriere hätten. Sie können sich eben nur nicht so schnell umstellen, wie das für Karrieren nun mal nötig ist. Kaum wird alles wieder ganz anders, gleich stellen sie sich wieder so an und reden heute noch den Quatsch, den sie gestern geredet haben. Sie trauen nicht nur sich selbst, sondern auch ihren Mitmenschen zu, sich an gestern erinnern zu können.

Ewiggestrige waren auch gestern und vorgestern schon von gestern und werden es in aller Zukunft sein.

DIE JOURNALISTEN DAMALS UND HEUTE

Niemand wird so oft zu recht und zu unrecht beschimpft wie meine Freunde, die Journalisten. In der DDR galt ihnen fast nur Mitleid und Verachtung. Mitleid, weil sie nicht schreiben durften, was sie dachten, und Verachtung, weil sie nicht schrieben, was sie dachten. Der meistgehaßte unter ihnen, Karl-Eduard von Schnitzler, scheint im nachhinein einer der ganz wenigen gewesen zu sein, der auch dachte, was er schrieb. Zu DDR-Zeiten hatte ich mir nicht vorstellen können, daß einer wirklich so dachte, wie Schnitzler schrieb und sprach. Ob es sich mit seinem westlichen Pendant, dem Herrn Löwenthal, ähnlich verhält, werden wir wohl nie erfahren, da ein Untergang der BRD zu Lebzeiten des Herrn Löwenthal kaum zu erwarten ist.

Vorstellen könnte ich mir nach den Erfahrungen der ostdeutschen Wende, daß es im Falle einer westdeutschen Wende hier genauso wenig Demokraten gäbe, wie es dort Kommunisten gegeben hat. Aber das ist natürlich reine Spekulation, und ganz ehrlich gesagt, es liegt mir auch gar nichts daran, in diesem Punkt von der Wirklichkeit bestätigt zu werden.

Die meisten Journalisten, die ich in der DDR kennenlernte, dachten übrigens ähnlich wie ich, auch wenn sie ganz anders schrieben. Natürlich versuchten manche von ihnen, immer mal der allgegenwärtigen Zensur etwas unterzujubeln. Aber das war in Presse, Rundfunk oder gar Fernsehen so unvergleichlich viel schwerer als bei uns im Kabarett, daß die meisten es bald gar nicht mehr versuchten – zynisch wurden oder depressiv.

Jede einfache Nachricht, bevor sie bei uns veröffentlicht werden konnte, mußte in dieses dem Uneingeweihten ganz und gar unbegreifliche Parteichinesisch übersetzt werden. So war die Nachricht bald nicht mehr zu unterscheiden vom Kommentar, obwohl die Auswahl der Nachrichten schon Kommentar genug war. Parteiliche Haltung – von unsern Journalisten selbstverständlich erwartet, das hieß, auch das fernste Unwetter, eine jegliche Sonnenfinsternis im Lichte des heimischen Klassenstandpunktes darzustellen. Melden hieß werten. Es gab Zeiten, da meldete man Erdbeben im westlich orientierten Ausland wie gerechte Strafen für fortgesetzten Kapitalismus dort draußen. Katastrophen im sozialistischen Lager wurden, wenn überhaupt, wie reine Sabotageakte einer vom Klassenfeind gelenkten Unnatur dargestellt.

Unter den Nachrichtensprechern des DDR-Fernsehens gab es einen, dem man am Gesicht ansah, ob er die guten Nachrichten von uns oder die bösen vom Klassenfeind sprach. Wurde sein Gesichtsausdruck prinzipiell und parteilich-ernst, konnte man sicher sein, die Nachricht kam aus dem Westen. Wenn dann aber wieder ein warmes Lächeln seine Augen erleuchtete, dann wußte man, ohne ein Wort zu verstehen, er sprach von uns, von unseren nicht wegzudenkenden Produktionserfolgen.

Selbst unser Wetter schien in unseren Medien zeitweise schöner als das westliche. Wo es in den feindlichen Hochgebirgen zu furchtbaren menschenverachtenden Lawinenunglücken kam, da rodelten in unseren freundlichen Mittelgebirgen unsere friedlichen Winterurlauber mit ihren ewig glücklichen Kindern auf dem fruchtbaren Schoß.

Der eine oder andere Witz über solche Berichterstattung wurde in der einzigen satirischen Zeitschrift der DDR, dem »Eulenspiegel«, auch veröffentlicht. Aber natürlich auch hier in parteilicher Ausgewogenheit. Auf jeden schmunzelnden Hinweis auf gewisse komische Erscheinungen im Land des Sozialismus hatten mindestens drei vernichtende satirische Hiebe auf den Klassenfeind zu folgen. Hin und wieder habe ich auch für den »Eulenspiegel« geschrieben, manches ist auch gedruckt worden. Oft hörte ich aus der Redaktion aber auch, der Chefredakteur habe sehr gelacht, als er meinen Beitrag las, um dann sehr ernst zu fragen, ob man so etwas vielleicht drucken sollte. Auf eine nicht veröffentlichte Geschichte bin ich heute noch stolz, obwohl ich sie gar nicht geschrieben habe.

Der Kultur-Redakteur Christian Klötzer rief mich eines Tages an, um mir von einem Dresdner Jazz-Keller zu erzählen, den ein paar Studenten betrieben hatten und der von der FDJ-Leitung der Dresdner Universität geschlossen worden war, wohl, weil er etwas aus der Kontrolle dieser FDJ geraten war. Ob ich Lust hätte, die Geschichte mit ihm zu recherchieren, fragte er, um dann darüber zu schreiben. Ich hatte Lust, und wir fuhren zusammen nach Dresden. Im bereits geschlossene Jazz-Keller trafen wir ein paar FDJ-Funktionäre, die un sagten, der Keller sei aus feuerpolizeilichen Gründe geschlossen. Von Studenten, die den Keller betriebe hätten, gaben sie vor, gar nichts zu wissen. Und über haupt sollten wir uns aus der Geschichte heraushalten sie wäre eine innere Angelegenheit der Universität.

Wir hielten uns nicht heraus, sondern suchten nac den Studenten, von denen die FDJ nichts zu wissen be hauptete. Im Studentenwohnheim erfuhren wir, daß si bereits relegiert wären. Aus politischen Gründen. Di FDJ habe behauptet, in diesem Jazz-Keller hätten feind liche Veranstaltungen stattgefunden. Ich habe vergessen worin die Feindlichkeiten bestanden haben sollten. Di Studenten, mit denen wir sprachen, wußten jedenfall nur, daß dort Jazz gespielt worden war, und daß es eine der ganz wenigen Orte in Dresden gewesen wäre, w man abends als Student hingehen konnte. Wir ließen un noch die Adressen der relegierten Studenten geben un fuhren zurück nach Berlin.

Was wir aus der Geschichte machen sollten, war un nicht ganz klar. Daß da eine FDJ-Leitung das »frohe Ju gendleben« in Dresden verbot und Studenten von de Universität verwiesen hatte ... Über so etwas könnte ma allgemein schreiben, eine Glosse vielleicht. Aber doch ni konkret mit Namen und Adresse. Aber wenn man e nicht konkret machte, konnte man es ganz lassen. Da würde den exmatrikulierten Studenten nicht helfen un den geschlossenen Jazz-Keller nicht wieder öffnen. Ic versprach, mir etwas einfallen zu lassen. Doch bevor mi etwas eingefallen war, rief mich mein Kollege von der Kulturredaktion wieder an, um mich zu fragen, ob ich sehr böse wäre, wenn aus der Geschichte nichts würde. Die Dresdner FDJ-Leitung habe ihn gerade angerufen und angeboten, die Exmatrikulation der Studenten zurückzunehmen, wenn wir auf die Veröffentlichung verzichteten.

Nie habe ich so gern auf eine Veröffentlichung verzichtet. Der »Eulenspiegel« stand – nicht ganz zu recht – in dem Ruf, kein Blatt vor den Mund zu nehmen. Die Dresdner FDJler hätten eigentlich nur ein bißchen mehr Vertrauen in die Zensoren ihrer Republik zu haben brauchen. Ich bin mir sicher, sie hätten so eine Geschichte nicht durchgehen lassen. Aber so, wie es eben immer wieder irgendwelche Journalisten gab, die meinten, irgendwann doch mal etwas ausrichten zu sollen, gab es bei Staat und Partei immer wieder die Angst, daß das auch mal gelingen könnte.

Bei allen Einschränkungen war der »Eulenspiegel« immerhin so etwas wie eine Oase in der deutschen demokratischen Pressewüste. Andere Oasen waren die Kulturseiten mancher Zeitungen.

Daß Kunstwerke auch unter real-sozialistischen Bedingungen mißlingen könnten, durfte zugegeben werden, schon weil Kunst und Künstler in der DDR zunehmend kritischer wurden. War ein Buch, Film oder Theaterstück an aller Zensur vorbei zu kritisch geraten, dann konnte es geschehen, daß die Parteiführung selbst entsprechende Verrisse in Auftrag gab und auf der Kulturseite des Neuen Deutschland veröffentlichte. Das sprach sich

dann schnell herum, und so konnte es vorkommen, da
ausgesprochen negative Buch-, Film- oder Theaterkriti
ken ausgesprochen positive Folgen für das von der Par
tei verdammte Kunstwerk hatten. Was die Partei verriß
konnte so ganz schlecht nicht sein. Das größere Publi
kum nahm von manchem Kunstereignis überhaupt ers
Kenntnis, nachdem die Partei sich negativ dazu geäußer
hatte.

Was Reich-Ranicki mit dem letzten Grass geschaff
hat, das hatte die SED zu DDR-Zeiten schon oft ge
schafft. Mal mit Heiner Müller, mal mit Volker Brau
oder Christa Wolf. Es war – weiß Gott – nicht imme
große Kunst, die da von der Partei verurteilt wurde. Abe
große Wirkung löste es allemal aus, als das Publikum i
der Kunst noch suchte, was die Journalisten nicht ode
kaum leisteten – die Auseinandersetzung mit dem real
sozialistischen Alltag.

Ich habe mich immer wieder und manchmal auch de
einen oder anderen Journalisten gefragt, wie man es i
den Zeitungs- oder gar Fernsehredaktionen der DD
aushalten könnte, ohne verrückt zu werden. Da wurd
mir dann immer mal erzählt, was der eine oder ander
»trotz alledem« an der Zensur vorbeigeschmuggelt hat
te. Einfache, kleine Wahrheiten als Schmuggelware. Fas
jeder hatte irgendwann einmal versucht, gegen den Sta
chel zu löcken. Und wenn es mal gelang, dann zehrt
man lange von seinem Erfolg, mochte er auch noch s
unscheinbar gewesen sein.

Aus der Entfernung mag einem das als geradezu jäm
merlich erscheinen. Wenn ich mir aber jetzt aus der Näh

ansehe, was meine Kollegen und Freunde Journalisten in der Freiheit mitzumachen haben – nicht aus politischen, sondern nur noch aus existenziellen Gründen –, dann erscheinen mir die Grenzen zwischen Demokratie und Diktatur wiederum fließend zu sein.

Neulich rief mich eine Reporterin von der BILD-Zeitung an. Ich kannte ihren Namen noch aus Ostberliner Zeiten und fragte etwas von oben herab, wie sie denn zu diesem Blatt gekommen wäre. Die Antwort hat mich beschämt: Sie ist alleinstehend und hat zwei Kinder. Und wenn ich es genau wissen wollte, fügte sie hinzu, vorher habe sie sogar für SUPER gearbeitet. Sie sei auch bereit, sich dafür zu schämen, sobald ihr jemand sagt, wie sie ihre Kinder mit Anstand ernähren könnte.

Die Geschichte der allmählichen und dann so plötzlich totalen Pressefreiheit in der DDR begann für mich mit einer winzigen Meldung in der Tageszeitung »Der Morgen«. Da stand, daß Künstler und Kulturschaffende auf einer Zusammenkunft im Deutschen Theater zu Berlin beschlossen hätten, für den 4. November 1989 zu einer Protestdemonstration aufzurufen. Ich weiß nicht, ob eine andere Redaktion in der DDR wagte, diese Meldung zu wiederholen. Jedenfalls kamen zu der knapp gemeldeten Protestdemonstration mehr als eine halbe Million Menschen, das Fernsehen der DDR übertrug live, und von da an waren die Medien im Osten für einige Monate so frei, wie sie es nie davor waren und nun schon längst nicht mehr sind.

Der damals die kleine Meldung verfaßt und in sein Blatt lanciert hatte, wußte noch genau, was er riskierte.

Ich weiß das, weil er mir nach jener Versammlung im Deutschen Theater sagte, daß er – geschehe, was wolle – die Meldung bringen würde. Er war und ist eigentlich Theaterkritiker und heißt Christoph Funke. Kein Held, ganz gewiß nicht. Aber ein mutiger Journalist. Und davon gab und gibt es eben so viele nicht.

Nach dem vierten November allerdings schien es nur noch mutige Journalisten im Osten zu geben. Plötzlich wagten alle alles zu enthüllen, manchmal auch, ohne erst zu recherchieren. Daß die ehemals so staatstreuen Parteijournalisten einmal fähig sein würden, die Volksseele zum Kochen zu bringen mit Enthüllungen über Privilegien für die Parteiführung, das hatten sie sich vermutlich selbst nicht zu träumen gewagt. Ihre Empörung und die ihrer Leser, Zuhörer und Zuschauer über jede in Wandlitz gefundene Mischbatterie aus westlicher Produktion war echt. Der Luxus, in dem die Parteiführung da in ihrem Ghetto gelebt hatte, so lächerlich er sein mochte, brachte alle meine Westfreunde nur zum Lachen, meine östlichen Landsleute zum Kochen.

Das war der reine Polit-Boulevard. Nach vierzig Jahren parteilich verbreiteter Langeweile über die Unfehlbarkeit des Politbüros wurde nun jede in Honeckers tristem Einfamilienhaus gefundene Videokassette zur sensationellen Enthüllung über die im Wandlitzer Altenheim herrschende Doppelmoral.

Korruptionsfälle wurden aufgedeckt, die – verglichen mit dem, was wir heute in der Bundesrepublik so erleben dürfen – die reine Dreigroschen-Kriminalität waren. Um so einhelliger und gewaltiger aber war die moralische Entrüstung in Ost und West. Und noch heute braust ein Sturm moralischer Entrüstung durch den gesamtdeutschen Blätterwald, wenn da einer wagt, die DDR nur eine »kommode Diktatur« zu nennen.

Nein, Honecker und seine Mitgreise waren keine Monster und schon gar keine großen Tyrannen, allenfalls kleine Haustyrannen, Kleingeister in jeder Beziehung, Anstaltsleiter, aber keine Cäsaren. Die Erkenntnis, daß man sich nahezu widerstandslos so lange von solchen Kleingeistern hat beherrschen lassen, das schmerzt die gebeutelte Ostseele, die ohnehin schon klein genug gemacht wird. Und mit solchen Kleingeistern ernsthaft verhandelt zu haben, dem ersten unter ihnen sogar einen Staatsempfang gegeben zu haben, das paßt nicht in das immer und überall von Selbstbewußtsein geprägte Bild, das sich der Westmensch von sich macht. Wenn die DDR das Reich des Bösen war, dann konnte man ja nicht anders. Wenn sie aber war, was sie war – nicht mal eine ordentliche Diktatur –, dann muß man sich schon fragen, worauf man da hereingefallen ist. Ich frage mich das, seit diese DDR verschwunden ist und mich ganz und gar ratlos zurückgelassen hat. Worauf und auf wen werde ich wohl noch hereinfallen? Ja, es ist deprimierend, feststellen zu müssen, wo ich so herkomme. Aber zu sehen, wohin ich nun geraten bin, ist nicht viel weniger deprimierend.

Aber zurück zu meinen Freunden, den Wendejournalisten. Sie zeigten jetzt, da es keines Mutes mehr bedurfte, auch Fähigkeiten, die man ihnen nicht zugetraut hätte. Viele von ihnen beherrschten ihr Handwerk, von dem sie bisher kaum hatten Gebrauch machen können. Sie konnten durchaus selbständig urteilen und formulieren, beherrschten die Bildsprache und machten plötzlich ein so spannendes DDR-Fernsehen, daß ARD und ZDF im Osten kaum noch gesehen wurden.

Da nun aber im Osten nichts so bleiben sollte, wie es war, sondern alles so werden sollte, wie es im Westen schon seit vierzig Jahren war, kauften die größeren Konzerne des Westens die größeren Parteizeitungen des Ostens auf, und die Regierung schickte den einen Mühlfenzel, daß er auflösen sollte, was im Osten nicht mehr Regierungsorgan und noch nicht öffentlich-rechtlich, sondern für kurze Zeit wirklich frei war – Rundfunk und Fernsehen.

Die Schlauen unter den Ostjournalisten merkten rasch, wie schnell die Übergangszeit vorbeiging und alles wieder in geregelten Bahnen laufen mußte. Sie taten, was sie in der Diktatur gelernt hatten, sie paßten sich an. Wenn sie jung und glaubhaft genug waren, wurden sie von den neuen Chefs übernommen und setzten alle Kraft ein, um die Erwartungen, die die neue Zeit in sie setzte, zu erfüllen. Wer zu alt war oder schon zu DDR-Zeiten als schwarzes Schaf galt, mußte feststellen, daß schwarze Schafe auch in der Demokratie schwer vermittelbar sind, und daß eine junge Demokratie junge Kräfte braucht. Die alten kamen ja alle aus dem Westen, und so manche Hamburger oder Münchner Redaktion konnte so manchen Problemfall in den Osten delegieren, wo auch der fragwürdigste Problemfall zum Demokratiefachmann wurde und mit den wendigen Mitarbeitern aus dem Osten eine gesamtdeutsche Bastion des Mittelmaßes errichtete.

Die Macht der Medien in dieser Gesellschaft mag bedenklich sein. Die Macht der Journalisten ist ganz und gar unbedenklich. Wer mit der »Fackel der Wahrheit« in unsern Studios auftaucht, wird auch heute noch gern für den Brandstifter gehalten.

MEIN STEUERBERATER

Mein erster Steuerberater war hauptberuflich – wie ich damals auch – Schauspieler am Berliner »Theater der Freundschaft«.

Ich war neu in Berlin, und er hatte mir nach einer Bühnenprobe die völlig überflüssige Frage gestellt, ob ich etwas nebenbei verdienen, eine Mugge machen wollte, wie das am Theater heißt. Als ich ihn nach der Art der Mugge fragte, sagte er grinsend: »Sachsen synchronisieren.« Mehr sagte er nicht, und ich wagte nicht weiter zu fragen, sondern grinste nur so, als hätte ich verstanden.

Als Anfänger machte man sich in Berlin nämlich sehr schnell lächerlich, wenn man etwas nicht oder falsch verstand, was die alten Hasen so an Fachjargon draufhatten. Ganz besonders coole Kollegen hatten mich gerade erst ausgelacht, als ich nicht verstand, was sie meinten, wenn sie auf einen Regievorschlag lässig murmelten: »KDW«. Ich vermutete, sie meinten das auch im Osten bekannte Kaufhaus des Westens. Dabei wußte doch jeder Berliner Fachschauspieler, daß KDW im Theater nichts anderes heißt als: »Kann dargestellt werden.« Ja, in der Berliner Theaterwelt machte man sich leicht als Provinzmuffel lächerlich. Und da ich ja einer war, wollte ich wenigstens, daß man mir das nicht gleich anmerkte.

Mein Kollege fuhr mit mir in ein Ostberliner Dokumentarfilmstudio. Dort wurden wir freundlich-lässig begrüßt und nur kurz gefragt, ob wir wüßten, worum es ginge. Mein Kollege bejahte die Frage genauso lässig, wie sie gestellt worden war. Oh, wie ich die Berliner um ihre Lässigkeit beneidete! Ich versuchte, genauso lässig zu wirken, was sehr anstrengend war.

Dann hieß es: »Geht schon mal ins Studio. Wir spielen euch den Quatsch vor.« Und dann sahen wir ein Stückchen Film, in dem irgendwelche sächsisch sprechenden Offiziere der Nationalen Volksarmee irgendwelche Befehle oder Auskünfte erteilten, die wir anschließend hochdeutsch synchronisieren sollten.

Ich machte mich mit keiner dummen Frage lächerlich, sondern synchronisierte sächsische Leutnants, Oberleutnants und Hauptmänner, als hätte ich das auf der Schauspielschule gelernt. Es handelte sich um eine Dokumentarfilmreihe, die ich vom Kino kannte. Sie hieß »Armeerundschau« und lief im Kino gewöhnlich zwischen der »Augenzeuge« genannten Wochenschau und dem Hauptfilm. Eigentlich wollte man damit Reklame machen für die Nationale Volksarmee, erreichte aber wohl eher das Gegenteil. Besonders beim jungen Publikum lösten diese Szenen fröhlichen Soldatenlebens eher hämisches Gelächter aus. Um diesem Gelächter nicht zusätzlich Nahrung zu geben, sollte wenigstens jeder sächsische Tonfall vermieden werden.

Diese Art Synchron war sehr einfach und wurde für DDR-Verhältnisse außergewöhnlich gut bezahlt. Wenn ich mich recht erinnere, bekam ich damals für etwa zwei

Stunden Arbeit ein Bruttohonorar von 250,- Mark der deutschen Notenbank (MdN), wie das Ostgeld damals gerade hieß. 250,- brutto, das wußte auch noch der dümmste Schauspieler in der DDR, das waren 200 Mark netto. Der Steuersatz für uns betrug immer 20 Prozent, egal, wie hoch das Honorar war. Und diese 20 Prozent zog jeder von uns in Gedanken sofort ab, wenn ihm ein Honorarvorschlag gemacht wurde. Wieviel zwanzig Prozent war, wußten wir von nahezu jeder Summe. Diese zwanzig Prozent bekamen wir nie zu sehen. Sie wurden automatisch von jedem Honorar abgezogen und vom Arbeitgeber direkt ans Finanzamt überwiesen.

Nach dem »Sachsen-Synchron« gingen wir – mein erfahrener Kollege und ich Neuling – zur Honorarkasse und bekamen also jeder zweihundert »bar auf Kralle«, wie das hieß. Dazu bekamen wir einen Auszahlungsbeleg, den ich achtlos zerknüllen wollte. Da aber sprach mein Kollege den denkwürdigen Satz: »Heb den Beleg auf, das ist bares Geld.« Ich hob auf, noch ohne ein Wort verstanden zu haben. Auf dem Heimweg erfuhr ich dann noch, daß »man nichts zu verschenken hat, schon gar nicht dem Staat«. Das sagte man also auch schon, als der Staat hier noch sozialistisch genannt wurde. Zwanzig Prozent waren für uns der Höchststeuersatz. Wer über eine gewisse Neben- oder Hauptverdienstsumme nicht hinauskam, hatte noch weniger als zwanzig Prozent zu zahlen und bekam nach Vorlage der Belege das zu viel einbehaltene Geld vom Finanzamt zurück.

Noch wichtiger aber war – das begriff ich erst viel später – man bekam auf diese Art und Weise etwas, was für

Freischaffende in der DDR sehr kostbar sein konnte: eine Steuernummer. Wer keine Steuernummer hatte, durfte nicht Freiberufler sein. Um aber eine Steuernummer zu bekommen, mußte man normalerweise Mitglied eines Künstlerverbandes sein. Das aber zu werden, war für manchen ziemlich schwierig. Ich hätte, als ich freischaffend wurde, Mitglied des Schriftstellerverbandes werden müssen. Anfangs wäre ich vermutlich nicht aufgenommen worden, weil ich als Kabarett- und Kindertheaterautor nicht würdig wäre, zu den echten Schriftstellern zu gehören. Später – es gab da die Biermanngeschichte und andere – wollte ich nicht mehr dazugehören. Dank meines ersten Steuerberaters hatte ich ja meine Steuernummer, und was man in der DDR erstmal hatte, das wurde einem so leicht auch nicht wieder abgenommen.

Als ich freischaffend geworden war, mußte ich jährlich meine Steuererklärung machen, die den unschätzbaren Vorteil hatte, daß von ihr nichts, aber auch gar nichts abhing. Sie war ganz und gar sinnlos, wie so vieles, was von sozialistischer Bürokratie erfunden worden war. Mein Steuersatz betrug immer zwanzig Prozent, egal wieviel oder wenig ich verdiente. Und diese Steuer wurde ja, wie gesagt, sowieso von vornherein einbehalten. Aber ich mußte jeden Beleg sammeln und tat das natürlich auch, so weit mein mangelnder Ordnungssinn mir nicht im Wege war. Zum Jahresende dann verschlechterte sich regelmäßig meine Laune, denn irgendwann mußte ich diese völlig sinnlose Aufstellung machen, in der zu stehen hatte, von wem ich wieviel Honorar wann erhalten hatte und wieviel Steuern vom Finanzamt einbehalten worden waren.

Außerdem war da noch ein Fragebogen auszufüllen. Dabei half mir mein Schauspielkollege noch, als ich längst nicht mehr Schauspieler war. Ich bin zwar durchaus den Umgang mit schwierigen Texten gewöhnt – aber was ist die Sprache Heiner Müllers gegen die des Finanzamtes? Damals ahnte ich ja noch nicht, daß die diktatorische Sprache sozialistischer Bürokratie im Verhältnis zur freien Sprache dieser freien Bürokratenwelt von heute kinderleicht war. Die bundesdeutschen Fragebögen – nicht nur vom Finanzamt – scheinen mir so etwas wie die Rache westdeutscher Bürokraten zu sein, die uns Ostdeutschen die allgemeine Reisefreiheit nicht gönnen.

Als ich zu DDR-Zeiten endlich gelernt hatte, meine realsozialistische Steuererklärung ohne fremde Hilfe zu verfassen, kaufte ich mir ein Haus. Damit war meine steuerliche Unabhängigkeit wieder vorbei, denn als Haus- und Grundbesitzer (mir gehörten und gehören 800 Quadratmeter Hauptstadt) betrat ich ja wieder steuerliches Neuland. Ich mußte mich, nunmehr professionell und für ein Honorar, beraten lassen. Diese Beratung erfolgte durch den »VEB Rechnungsführung und Wirtschaftsberatung Berlin«. Dort wurde ich nachsichtig-freundlich empfangen von einer weit über siebzigjährigen Dame, die sich zu ihrer Rente noch etwas hinzuverdiente, indem sie nun zum Beispiel für mich die Steuererklärung verfaßte. Sie riet mir dringend, alle Belege zu sammeln, etwa die, die man beim Kauf von Putzmitteln für die Hausreinigung erhält.

Mit solchen Belegen habe ich heute noch meine Schwierigkeiten, auch wenn es jetzt um wesentlich höhere Beträge geht als damals auf den Kassenzetteln für Bohnerwachs und Scheuertücher. Ich kann mich noch genau an mein schlechtes Gewissen erinnern, das mich immer überfiel, wenn ich zu jener Dame im »VEB Rechnungsführung und Wirtschaftsberatung« kam und wieder mal vergessen hatte, meine Belege zu sammeln. Immer wieder rügte sie mich deshalb und wiederholte den ewiggleichen Satz: »Man verschenkt sein Geld nicht an den Staat.« Daß ich ausgerechnet dem sozialistischen Staat etwas geschenkt habe, macht mich noch heute betroffen. Eigentlich hatte ich mir vorgenommen, so etwas nie wieder zu tun. Schließlich sind heutzutage die Möglichkeiten, Steuern zu sparen für unsereinen viel, viel größer als damals. Manchmal habe ich den Eindruck in ein Land der unbegrenzten Möglichkeiten der Steuerhinterziehung geraten zu sein. Aber ich nutze auch meine – zugegeben geringeren Möglichkeiten – nicht aus. Dabei habe ich jetzt einen sachkundigen und sympathischen Steuerberater aus Tempelhof, das bekanntlich schon immer zu Westberlin gehörte.

Als die neue Zeit in Form der neuen Steuergesetzgebung über uns hereingebrochen war, ging ich zunächst noch in meinen Volkseigenen Betrieb »Rechnungsführung und Wirtschaftsberatung«, der sich zwar umbenannt, aber sonst kaum verändert hatte. Zwar saßen da längst jüngere Damen, aber sie machten den unverzeihlichen Fehler, der von Ostlern immer wieder gemacht wird – sie gaben zu, nicht ganz auf dem laufenden zu sein mit dem für sie ja auch ganz neuen Steuerrecht. Ich Ahnungsloser meinte also, jetzt brauchte ich Hilfe aus dem Westen. Auf einer Premierenfeier der Distel kam ich mit einem Mann ins Gespräch, der mir – obwohl eindeutig Westler – auf Anhieb sympathisch war. Es war die Zeit, da uns auch der dümmste Westler mit klugen Ratschlägen und mitleidigen Blicken zu verstehen gab, was wir in der Menschwerdung nachzuholen hätten. Er machte Witze über sein System, das nun ja auch das meine war, und fand es gar nicht so unübertrefflich wie die meisten seiner siegreichen Landsleute. Schließlich gab er sich als Spätachtundsechziger zu erkennen, obwohl er eher wie ein Steuerberater aussah. Als sich dann herausstellte, daß er das, wonach er aussah, auch war, schlossen wir endgültig Freundschaft. Ich jedenfalls vertraue ihm voll und ganz. Es bleibt mir gar nichts weiter übrig, denn was er da mit all meinen Belegen und Kontoauszügen anfängt, die ich ihm monatlich zuschicke, davon verstehe ich nichts. Briefe vom Finanzamt öffne ich zwar manchmal noch selbst, lasse sie mir dann aber immer von ihm in Mark und Pfennig übersetzen.

Daß er mich nicht betrügt, halte ich für ganz sicher. Daß er den Staat, also das Finanzamt auch nicht betrügt, hat er mir gleich zu Beginn unserer Geschäftsbeziehung selbst gesagt. Er ist nämlich der Meinung – und ich teile diese Meinung –, der Staat hat ein Recht auf die Steuern seiner Bürger, unter anderem, um die Feuerwehr zu unterhalten. Die Dienste der Feuerwehr habe ich selbst schon in Anspruch nehmen müssen. Bei der Bundeswehr habe ich persönlich schon meine Zweifel. Auf jeden Fall habe ich nicht vor, jemals ihre Dienste in Anspruch zu nehmen. Aber man kann ja nicht alles in Anspruch nehmen, was man bezahlt. Manches bezahlt man ja auch, nur um nichts damit zu tun zu haben. Aber ich wollte jetzt nicht von der Pflegeversicherung reden, sondern von meinem Steuerberater.

Wie gesagt, ich mag ihn. Er hat sogar schon mal meine Tochter mit in den Winterurlaub genommen, denn seine Söhne und meine Tochter mögen sich wohl auch. Ich finde auch gut, daß er gut verdient, weil er lohnendere Steuerfälle betreut als mich. Aber daß Leute wie er überhaupt nötig sind, um Leute wie mich davor zu schützen, daß wir vom Finanzamt betrogen werden, das zeigt doch zumindest, daß irgendwas in diesem Staat nicht in Ordnung ist. Ich finanziere mit meinen Steuern einen Staat, vor dem ich mich mit einem Steuerberater schützen muß. Und derselbe Staat, dessen Steuergesetzen ich nicht gewachsen bin, ist den tausend illegalen Tricks großer Steuerhinterzieher nicht gewachsen, die ihn um die Milliarden betrügen, um die er, der Staat, dann seine ehrlichen Steuerbürger betrügt.

Ich weiß nicht, wie gefährlich die organisierte Kriminalität, von der heute so viel zu lesen und zu hören ist, wirklich ist. Aber ich habe eine Vorstellung davon, wie gefährlich auf Dauer die vom Staat organisierte Kriminalität ist, die da im Finanzamt sitzt. Wie soll ich Vertrauen zu einem Staat haben, von dem ich weiß, daß er mir wie ein allerdings übermächtiger Wegelagerer das Geld aus der Tasche zieht. Mit dem Hinweis auf den einen ganz großen rechtfertigt sich inzwischen jeder kleine oder größere Steuerbetrüger. Es ist schon so, der Fisch beginnt am Kopf zu stinken. Und wenn der Verfall der Sitten von demselben Staat beklagt wird, der an diesem Verfall führend beteiligt ist, dann ist das Heuchelei.

Wilhelm der Zweite hat seinerzeit eine Sektsteuer eingeführt, um das Geld für seine Seekriegsflotte zusammenzubekommen. Auch als diese Seekriegsflotte untergegangen war, blieb die Sektsteuer. Waigel führte den Solidarzuschlag ein, unter anderem um Steuergeschenke zu finanzieren für reiche Leute aus dem Westen, die hier im Osten investieren. Daß ich mit meinem Solidarzuschlag mit mir selbst diese Steuergeschenke für West-Ost-Investoren mitfinanziere, damit habe ich mich abgefunden. Damit, daß überall geschrieben steht, wieviel Geld der Westen für den Osten zahlt, mag ich mich nicht abfinden.

WAS DIE LEUTE SO VOM KABARETT ERWARTEN

Zu DDR-Zeiten war das ganz klar. Die anleitenden Genossen erwarteten von uns die schonungslose Abrechnung mit dem höchst lebendigen Klassenfeind jenseits und seinen kleinbürgerlichen Überbleibseln diesseits der Mauer. Das war sozusagen der Parteiauftrag für das Kabarett im Sozialismus. Uns diesem Parteiauftrag zu entziehen, gelang nur mit Hilfe des Publikums. Denn dieses Publikum argumentierte gegen solche satirische Abrechnung mit dem Tiefschlaf des Gelangweilten. Das konnte auch den anleitenden Genossen auf Dauer nicht verborgen bleiben.

Das Publikum selbst aber erwartete von uns die, wenn auch nicht ganz offen vorgetragene, so doch schonungslose Abrechnung mit der offensichtlichen Unfähigkeit von Partei- und Staatsführung der DDR. Unsere Hauptaufgabe bestand darin, das auszusprechen, was die Leute im Publikum selbst dachten, aber nicht auszusprechen wagten. Das allgemeine Wissen um die Existenz der Zensur machte das Spiel so hintergründig und die Übereinstimmung zwischen Bühne und Zuschauerraum so vordergründig. Im Kabarett herrschte damals dieses augenzwinkernde Vertrauen, das da hieß: Wir verstehen schon.

Gerade das, was nicht ausgesprochen wurde, erzeugte das fröhlichste Lachen, den freudigsten Beifall. Auch wenn es sich manchmal nur um einfache Texthänger handeln mochte, das Publikum verstand auch solche einfachen Pausen oft genug als beziehungsreiche Anspielung zu deuten. Jeder Sprachfehler, jedes Schielen wurde politisch verstanden und entsprechend gewürdigt. Wir sprachen scheinbar für alle, auch wenn wir mal nichts sagten. Die Zuschauer saßen sozusagen auf Zehenspitzen, um ja keine Pointe, keine Anspielung zu verpassen. Diese Verständigung hinter dem Rücken der Zensur schuf ein Klima völliger Übereinstimmung. Der Spaß, den es machen kann, die Zensur zu betrügen, ist unwiederbringlich verloren.

Heutzutage geht alle Zensur von der Abendkasse aus, wird also ausgerechnet von denen ausgeübt, die sowieso nicht oder nicht mehr zu uns kommen. Darüber auch noch Witze zu machen, verbietet sich von selbst. Denn was man in einen leeren Zuschauerraum hineinruft, das bleibt schlicht ungehört. Abgesehen davon, daß ein leerer Zuschauerraum immer und überall deprimierend wirkt, stellt eine leere Abendkasse heute sofort die Existenzfrage. Und das ist kein Katz-und-Maus-Spiel wie einst mit der Zensur. Das ist der Ernst des Lebens, der der heiteren Kabarettkunst ihre Grenzen zeigt.

Natürlich darf ich beim Schreiben heute genauso wenig an die Abendkasse denken wie damals an den Zensor. Denn Selbstzensur ist die böseste und zerstörerischste Zensur. Aber so, wie es mir früher nicht immer gelang, den Zensor zu vergessen, so geht es mir heute mit der Abendkasse. Wenn wir zu DDR-Zeiten einmal keinen Ärger mit der Zensur hatten, fragten wir uns sofort, was wir falsch gemacht haben. Und das nicht nur aus Spaß. Wenn heutzutage die Abendkasse stimmt, frage ich mich sowas nicht mal spaßeshalber. Wir sind auf die zahlende Zustimmung unserer Zuschauer angewiesen.

Das empfinde ich übrigens nicht nur als Nachteil. Denn für wen wird denn alle Kunst letztendlich gemacht, wenn nicht für Menschen? Nein, ich empfinde es nicht als niedrig, wenn Kunst auch ihren Dienstleistungsauftrag erfüllt, der darin besteht, die Leute zu unterhalten. Zu den schönsten Momenten gehört es für mich, Leute bei uns im Kabarett fröhlich lachen und applaudieren zu sehen, die ganz anders denken als wir.

Natürlich weiß ich um das tiefe Mißtrauen des ernsthaften deutschen Menschen seinem eigenen Lachen gegenüber. Lustig gilt in Deutschland als oberflächlich. Schon deshalb gucken Kritiker so besonders grimmig. Wenn sie aber doch mal lachen müssen, kann man sicher sein, daß da eine Zote oder ein Schwiegermutterwitz erzählt wurde. Vor dieser Art Humor sind auch Kritiker nicht gefeit. Und weil das so ist, halten sie alles Lachen für primitiv. Kabarettkritiker stehen gewöhnlich ganz am Anfang einer Laufbahn, in einem Alter also, indem man sich noch nicht vorstellen kann, daß es etwas geben könnte, was man nicht beurteilen kann. Kritisieren dürfen setzt vergleichen können voraus. Womit aber soll einer ein Kabarettprogramm vergleichen, wenn er nur Wigald Boning kennt?

Kabarett gehört wie Fußball und Politik zu den Dingen, von denen alle alles wissen. Und da Kabarett unbestreitbar zu dem gehört, was man schon immer etwas herablassend die leichte Muse nennt, sehen die meisten aufs Kabarett herab. Das ist nun mal des Deutschen Lieblingsperspektive, die von oben herab. So wie den meisten Kritikern mit dem Kabarett geht es mir übrigens mit dem Fußball. Ich mag ihn nicht und habe keine Ahnung davon. Was mich von den Kritikern unterscheidet, ich schreibe nicht über Fußball. Daß ich aber über Kritiker schreibe, beweist, daß sie bei mir ihr Klassenziel erreicht haben. Ich ärgere mich über sie. Deshalb bekommen sie in diesem Buch auch noch ein ganzes Kapitel für sich. Vielleicht hilft es ihnen menschlich weiter, wenn sie das bekommen, was ihnen wohl am meisten von allem fehlt: Aufmerksamkeit.

Zurück zu den Zuschauern, denn ihr Urteil ist – auch wenn sie das oft nicht wissen und wir es oft vergessen – so viel wichtiger als alle Fachkritik. Sie kommen freiwillig, bezahlen Eintritt und sind meist ganz und gar unvoreingenommen. Ohne sie gäbe es uns Kabarettmacher längst nicht mehr. Auch wie lange es uns noch geben wird, darüber entscheiden sie. Das tun sie nun schon seit hundert Jahren, genau so lange, wie es Kabarett gibt. Fast genauso lange wird dieses Kabarett übrigens von den Fachleuten schon totgesagt. Zu DDR-Zeiten hieß ein ernstgemeintes Argument gegen Kabarett: In der Sowjetunion gibt es ja auch keins.

Heute wird uns immer wieder vorgeworfen, wir hätten der Welt nichts Neues mehr mitzuteilen. Auch das trifft schon über hundert Jahre zu. Anders als alle modernen Feuilletons dieser Republik plagen wir uns noch immer mit den alten, ungelösten Menschenproblemen herum. Einen neuen Menschen zu beschreiben gelang uns schon zu DDR-Zeiten nicht, als dieser Mensch angeblich gerade in Arbeit war. Neu und jung mögen in der Werbung Werte an sich sein. In der Kunst sind sie das nicht.

Modisches Kabarett – ich nenne den Bruder Lagerfeld des deutschsprachigen Kabaretts jetzt nicht, denn schon morgen kann er wieder ganz aus der Mode sein –, modisches Kabarett will mir erscheinen wie die Kollektionen großer Modeschöpfer, die einmal in Paris oder Rom auf dem Laufsteg gezeigt und dann nie wieder gesehen werden. Auf der Kabarettbühne werden immer wieder die alten Klamotten gezeigt. Auf unsern Bühnen stehen keine Models. Wir zeigen Falten und Bauchansatz. Wir haben keine alten oder neuen Botschaften zu verkünden. Wir stellen diese allenfalls in Frage. Und wenn wir uns dabei gelegentlich etwas besserwisserisch anstellen, dann ist das kein Zuviel an Wissen, sondern ein Zuwenig an Können. Auch wenn wir mal dieser und mal jener Meinung sind, dann wollen wirs nicht etwa jedem recht machen, sondern wir müssen zugeben, daß man über so vieles ganz verschiedener Meinung sein kann. Wir geben zu bedenken.

Und unsere Zuschauer hören sich das immer wieder an, lachen, klatschen, ärgern sich bestimmt hier und da, und manchmal passiert es auch, daß einer türenschlagend rausrennt oder uns einen empörten Brief schreibt, weil wir ihm, dem meist seit Jahren treuen Besucher, mit einem Programm oder nur einer Nummer so contre cœur gehen, daß er uns sein künftiges Wegbleiben androht. Aber die meisten unserer Zuschauer – und jetzt bitte ich Sie einfach, nicht mehr weiterzulesen –, die meisten Zuschauer hören sowieso nur das, was sie wollen. Und das, was sie am liebsten hören, ist nun mal die eigene Meinung.

MEIN FREUND, DER KRITIKER

Kritiker sind Leute, die sich nichts gefallen lassen. Wenn ihnen aber einmal – wider besseres Nicht-Wissen-Wollen – etwas gefällt, dann haben sie sich sofort zu fragen: Darf mir das überhaupt gefallen? Denn ein beamteter Kritiker darf sich nun einmal nicht gemein machen mit dem nichtbeamteten, also bezahlenden Publikum. Grundregel Nummer eins für jeden Kritiker lautet nämlich: Nicht beeindrucken lassen!

Es gibt nichts Neues unter der Sonne des Kunstlichtes. Das weiß der zum Kritiker Berufene (wenige sind auserwählt, aber alle fühlen sich berufen!) nach der ersten Märchenaufführung, die er gesehen hat. Und das muß er dann in seinem langen, langen Kritikerleben immer wiederholen, um so originell zu sein, wie man das als Kritiker heute sein muß, um ernstgenommen zu werden. Kritiker gehen nicht ins Theater, um zu sehen, sondern um gesehen und vor allem gelesen zu werden. Die viele Zeit, die sie mit der Betrachtung von Kunst vergeuden müssen, versuchen sie durch die Schnelligkeit ihres hingehauenen Urteils wieder hereinzuholen.

Kritiker, die im Theater schlafen, tun das, weil sie es einfach müde sind, sich von Künstlern immer wieder etwas vormachen zu lassen. Je tiefer sie schlafen, desto objektiver ist danach ihr Urteil. Allein der Besetzungszettel sagt ihnen ja schon alles, was sie sowieso wußten. Schließlich wissen sie aus mancher, einst noch durchwachten Vorstellung, was sie von dem oder jenem Künstler zu erwarten haben. Das haben sie ja selbst oft genug geschrieben.

Nur Künstler und ähnlich dumme Zuschauer sind noch so naiv, sich im Theater überraschen zu lassen. Auch der größte Künstler neigt dazu, noch den kleinsten Kritiker ernst zu nehmen. Das könnte gerade dem kleinsten Kritiker auch mit dem größten Künstler nicht passieren.

Kritik ist Rechtsprechung in letzter Instanz. So wie Justitia ihre Binde vor den Augen trägt, tragen die Kunstrichter ihren Talar im Gesicht. Unbestechlicher Ernst prägt ihre Mienen besonders dann, wenn sich um sie herum alles biegt vor Lachen. Ein unnachahmlich feines Lächeln umspielt das Kritikerauge allerdings, wenn das Publikum in Tränen der Rührung ausbricht vor Ergriffenheit. Kein Kritiker läßt sich ergreifen, es sei denn, man setzt eine hohe Belohnung aus. Vorher rührt sich bei ihm nichts, schon gar keine Hand zum Schlußapplaus.

Wenn aber einer von ihnen doch einmal eine Hand rührt, dann ist das die eigentliche Sensation, das Kunstereignis, das die Schlagzeilen macht. Dem Kleingedruckten kann der scharfsichtige Leser dann eventuell noch entnehmen, was der Anlaß war, den der Kritiker mit seinem Beifall zum Kunstereignis erhob. Wer das für übertrieben hält, der lese nach, was die Nachrichtenagenturen damals meldeten, als der eine Reich-Ranicki in seine beiden Hände klatschte, weil irgendein Günter Grass irgendwas Selbstverfaßtes vorgelesen hatte.

Ob Theater- oder Literaturkritik, ihre Vollstrecker sind überall zur Stelle, wo es Urteile zu fällen gibt. Kunstkritik gibt nämlich nicht zu bedenken, Kunstkritik vollstreckt. Nur hier sind Ankläger, Richter und Henker in einer Person vereinigt. Und keine Gerichtsbarkeit der Welt hat so viele Justizirrtümer produziert wie die Kunstkritik. Ein ausgewiesener Komiker wie Reich-Ranicki, um bei dem Unterhaltungskünstler unter den Scharfrichtern zu bleiben, ernennt Thomas Mann zum deutschen Humoristen, und keiner lacht. Mit dem gleichen Recht könnte man Herrn Gottschalk zum deutschen Philosophen und Frau Schreinemakers zum Gewissen der Nation ernennen. Das wäre zwar unbestreitbar Quatsch, aber es wäre genauso originell.

Grundregel zwei für Kritiker lautet nämlich heute: Du kannst jeden Quatsch behaupten, nur originell muß er sein. Die Parallelen treffen sich in der alten Unendlichkeit, die Originellen im heutigen Kulturbetrieb.

MEINE FREUNDE, DIE ORIGINELLEN

Sie sagen, schreiben, tun grundsätzlich Dinge, auf die noch keiner vor ihnen gekommen ist. Wenn es Theatermacher sind, dann lassen sie den »König Lear« auf dem Bahnhofsklo bei laufender Spülung spielen und Texte sprechen, die nicht aus Shakespeares Feder, sondern aus des originellen Regisseurs Bauch stammen. Etwas aus dem Bauch heraus zu tun, gilt heute nicht nur als originell, sondern auch als besonders intellektuell.

Im konventionellen Theater bringt man die Dichter auf die Bühne und läßt den Kartoffelsalat in der Kantine. Im modernen Theater macht man das umgekehrt. Denn Kartoffelsalat auf der Bühne ist unerbittlich originell. In der DDR galt so etwas sogar als subversiv. Wer es damals wagte, seinen eigenen Salat in einen beliebigen Shakespeare zu schmuggeln, gelangte schnell in die geheimen Akten der Staatssicherheit. Heute kommt man mit Kartoffelsalat am sichersten ins öffentliche Feuilleton.

Die zwanzig wichtigsten Kritiker der zwanzig wichtigsten Feuilletons reisen geschlossen zur Schlacht am Kartoffelsalat-Berg in die Pension Schöller und bewundern, wie hier der von ihnen zu entdeckende Zeitgeist das moderne Theater befähigt, den intellektuellen Anspruch der vielgeschmähten »Pension Schöller« zu unterbieten. Das ist an sich schon eine kulturhistorische Leistung.

Shakespeare, Schiller, Brecht und Beckett sind megaout. Kartoffelsalat ist in. Er macht Schluß mit den Grenzen der Genres. Mit ihm macht man aus jeder alten Tragödie eine neue Komödie und umgekehrt. Kartoffelsalat befreit selbst die alten Griechen vom Staub ihrer gebundenen Sprache und läßt sie endlich lallen. Antigone wirft mit Kartoffelsalat, Kreon fühlt sich getroffen, Oedipus nimmt ihn in den komplexen Mund, um ihn gleich wieder auszuspucken, und der ganze antike Chor kann ganz und gar modern darauf ausrutschen und artistische Wirkungen erzielen, die jeden Turnvater Jahn in den Schatten stellen. Und ein durch und durch modernisierter Romeo kann denselben Kartoffelsalat seiner an sich ja längst abgegessenen Julia sogar ans klassische Höschen schmieren, sofern sie noch eins anhat.

Das ist Zeitgeist in Mayonnaise. Das provoziert, regt den abgeklärtesten Kritiker endlich mal wieder an, über die nouvelle cuisine, das ancien regime und das deutsche Theater auf seinem originellen Höhepunkt nachzudenken. Selbst das entschlafen geglaubte Publikum reagiert noch einmal mit donnerndem Buhruf oder frenetischer Zustimmung. Kurz, das Theater kommt endlich wieder in Bewegung, und die Feuilletons haben Stoff für viele Wochen.

Denn nun wird der Regisseur, der den Kartoffelsalat zwar nicht erfunden hat, ihn aber dem deutschen Kritiker zum Fraße vorgeworfen hat, vom ganz und gar zerstrittenen Kulturbetrieb gefeiert oder verdammt, was auf dasselbe herauskommt. Denn er hat mit seinem Salat eine Öffentlichkeit erreicht, die er mit keiner noch so genialen Inszenierung eines Sinn enthaltenden klassischen oder modernen Textes hätte erreichen können.

Irgendwann aber stößt auch dem Feuilleton diese deutsche Hausmannskost einmal sauer auf, und dann beginnt es tief enttäuscht zu fragen: Wo ist der Kartoffelsalat von gestern abend, wo ist das Genie vom vergangenen Jahr? Das Genie aber hat die Salatschüssel längst überwunden und die Kloschüssel als originellen Austragungsort modernen Theaterspiels entdeckt. Es setzt sozusagen seinem kulinarischen Angebot die fäkalische Krone auf, und selbstverständlich folgt ihm das Feuilleton willig aufs Bahnhofsklo.

Dort allerdings ist nun ein gewisser Endpunkt des Verdaulichen erreicht. Der Erbauung an der Verdauung setzt die Natur ihre Grenzen. Ob Damen- oder Herrenklo – irgendwann will auch der deutsche Kritiker mal wieder vom Topf.

Er wirft noch einen letzten, zusammenfassenden Blick auf die einst so originelle Bühne des originellen Theatermachers. Mehr als ein paar Fettflecke, die vom Geworfensein des Kartoffelsalates künden und einige vertrocknete Reste künstlerisch nachempfundener Fäkalien kann er dort aber nicht mehr entdecken. Enttäuscht wendet er sich ab von diesen Höhen, um in den Zuschauerraum zurückzusehen. Und nun fällt ihm auf: Da war doch mal was!

Richtig, da waren mal Zuschauer. Gewiß, Theater ohne Zuschauer ist in gewissem Sinne ja auch originell. Aber ein Feuilleton ohne Leser verliert die Anzeigenkunden. Da vom Theater im Moment nichts Originelleres als leere Bankreihen zu erwarten ist, muß nun das Feuilleton endlich selbst etwas Originelles produzieren, also produziert es eine durch und durch originelle Diskussion um die neueste aller Krisen – die Krise des Theaters.

Von einer Krise des Theaters lesen besonders die Leute gern, die sowieso nicht ins Theater gehen, und das ist in Deutschland wie anderswo eine überwältigende Mehrheit. So hat das Feuilleton endlich etwas erreicht, wovon es schon lange träumte – es hat sich störfrei gemacht von aller originären Kunstproduktion. Das ist zwar nicht neu, aber originell ist es allemal. Man hat ein Thema ganz ohne Gegenstand.

Früher, in der DDR, wo es statt des vielfältigen Feuilletons nur die einfältige Kulturseite gab, diskutierte man auch schon mit Vorliebe völlig gegenstandslose Themen. Da mußte nur einer behaupten: Kunst ist Waffe. Und keiner wagte zu widersprechen. Wenn heute einer behauptet: Kartoffelsalat ist Kunst, so kann es hier und da schon mal zu Widerspruch kommen. Sagt man aber: Krise ist Kunst, oder Kunst ist Krise, letztlich ist ja ganz egal, was Kunst ist und was Krise, denn nie war Kunst so egal wie heute. Jedenfalls dem Feuilleton.

PS: Natürlich gibt es neben dem Feuilleton auch noch ganz konventionelles Theater, in dem Schauspieler die von Dichtern geschriebenen Hauptrollen spielen und Regisseure sich mit ihrer natürlichen Nebenrolle begnügen. Aber wer das sehen will, muß selbst hingehen. Denn das kommt im Feuilleton nicht vor.

Es gibt auch ganz konventionelle Kritiker, die ganz bescheiden-subjektiv von dem berichten, was sie im Theater gesehen haben und ganz nebenbei die Syntax besser beherrschen als die Selbstdarstellung. Aber die kommen in den großen Feuilletons längst nicht mehr vor.

HEILIGABEND BEI DEN HEIDEN

Mein christlicher Schwiegervater fragte mich einmal etwas von oben herab, wie wir Heiden – so hatte mich seit meiner Kindheit in Finsterwalde keiner mehr genannt – denn eigentlich die christliche Weihnacht feiern könnten? Mit der Gelassenheit des an nichts als die eigene Überlegenheit glaubenden Atheisten erklärte ich meinem verblüfften Schwiegervater den erwiesenermaßen heidnischen Ursprung aller christlichen Weihnacht. Er nahm das einfach hin, ohne ein Wort der Erwiderung. Die Art allerdings, wie er nichts sagte, zeigte mir, daß wir uns in der Stärke des gegenseitigen Überlegenheitsgefühls durchaus das Wasser reichen konnten.

Diese Geschichte fiel mir erst viel später, Anfang der neunziger Jahre, wieder ein. Es war zu jener Zeit, als unsere östliche, konsequent atheistische Gewißheit des Besserwissens einer totalen Verunsicherung gewichen war angesichts der überwältigenden Nochbesserwisserei der christlichen Westdeutschen. Schon das Wort Osten bezeichnete keine Himmelsrichtung mehr, sondern den schieren Abgrund. Und wer aus diesem Abgrund kam, dem wurde mit dem vereinten Kopfschütteln des höheren Westens begegnet. Da, wo einst die Mauer gestanden hatte, entdeckte man nun die Grenze zwischen Zivilisation und Barbarei.

Mein langjähriger Freund, der Historiker Arnulf Baring, hatte uns, nachdem wir beide eben noch von gleich zu gleich verkehrt hatten, unsere östliche Minderwertigkeit so grundsätzlich bescheinigt, daß ich am eigenen Menschsein zu zweifeln begann. Da half es auch nicht, daß er, östlich von uns, eine noch größere, wodkaselige Minderwertigkeit ausmachte. Ein bißchen mehr oder weniger Barbar, darauf kam es nun auch nicht mehr an.

Eine familienangehörende Westlehrerin klärte mich auf über die Unfähigkeit ausnahmslos aller Ostlehrer sinnvolles Wissen zu vermitteln, geschweige denn, ihre Schüler zum Denken anzuhalten. Seitdem frage ich mich, woher meine Kinder ihr Wissen und ihre Denkfähigkeit wohl haben mögen. Beides gab es seinerzeit ja auch nicht im Intershop.

Ein befreundeter Bauingenieur erzählte mir, wie er von seinen Westberliner Berufskollegen immer wieder seinen Beruf erklärt bekäme. Im Fernsehen schließlich seh ich selbst einen Westberliner Abiturienten, der einem Ostberliner Rentner sagte, daß ihm der ganze Wohlstand ja auch nicht in den Schoß gefallen sei. Die Ostler müßten eben erstmal arbeiten lernen, bevor sie am westlichen Wohlleben teilnehmen dürften.

In jener Zeit jedenfalls, in der uns ein für allemal so unvergeßlich klargemacht wurde, was mit uns los beziehungsweise eben nicht los ist, fragte mich ein Stuttgarter Ehepaar, ob es denn Weihnachten in der DDR überhaupt gegeben habe. Zuerst war ich nur verblüfft, dann aber doch zunehmend verunsichert. Konnten wir uns unser Weihnachtsfest nicht genauso eingebildet haben wie unser ganzes höheres Menschsein?

War Weihnachten nicht eher ein sozialistisches Jahresendfest geworden, wie aus Weihnachtsmann und Weihnachtsengel eben jene Jahresendfiguren m.F., beziehungsweise o.F., also mit oder ohne Flügel geworden waren? Wie immer man die Weihnachtsfeiern auch nennen mochte – kein noch so sozialistisches Kollektiv ließ sich das Fest entgehen. Wenn die Feierlichkeit dann ihren alkoholischen Höhepunkt erreicht hatte, konnte es vorkommen, daß auch der Genosse Parteisekretär ein christliches »Vom Himmel hoch, da komm ich her« anstimmte und sich eine Träne der Jahresendrührung aus dem parteilichen Auge wischte.

So richtig gnadenbringend aber war die Weihnachtszeit wohl nur für DDR-Bürger mit Westverwandtschaft. Von der kamen schließlich diese so heißgeliebten Weihnachtspakete, ohne die so manche Ostweihnachtsbescherung traurig ausgesehen hätte. Und wenn dann am ersten oder zweiten Weihnachtsfeiertag diese Verwandtschaft selbst vor der Tür stand, dann kannte die Freude so lange keine Grenzen, bis irgendeines der heiklen Themen zur Sprache kam. Heikle Themen zwischen Ost- und Westverwandten hat es nämlich immer gegeben. Nur war damals, bevor es zum großen Krach kommen konnte, die Besuchszeit meist vorbei, und dann nahm man sich vor, dieses oder jenes heikle Thema beim nächsten Besuch einfach auszulassen. Das gelang zwar nicht immer, aber damals konnte man sich immerhin einbilden, alles läge nur daran, daß man sich so selten sehen könnte. Seit wir uns sehen können, ob wir wollen oder nicht, wissen wir, die Mauer hat uns nicht nur getrennt, sie hat uns auch voreinander geschützt. Auch wer nie Westverwandte hatte, ist diesen jetzt ganz und gar ausgeliefert. Und wer damals seine Ostverwandtschaft nur deshalb immer wieder zu sich eingeladen hatte, weil er wußte, sie kommen ja nicht, muß heute immer mit einem Rachefeldzug – Gegenbesuch genannt – rechnen.

Als unverbesserlicher Jammer-Ossi habe ich hin und wieder den Eindruck, die Westler haben uns ihren Westen so gebracht wie einst die christlichen Kreuzritter den heidnischen Barbaren die christliche Weihnacht – mit aller Gewalt und der festen Überzeugung, es ganz und gar gut gemeint zu haben.

WIR UND UNSERE WARENDECKE

Wo kommt das nur alles her, was da in unseren Geschäften so herumliegt und -steht? Und wer soll das alles kaufen. Vor allem aber – warum soll man das ganze Zeug kaufen? Früher in der DDR hieß es: Wir können nur verbrauchen, was wir vorher produziert haben. Heute gilt: Wir müssen aber auch verbrauchen, was wir produziert haben. Egal, ob wirs brauchen.

Brauchen Sie zwanzig verschiedene Sorten Dauerwurst? Zu DDR-Zeiten gab es zwei, höchstens drei Sorten. Und damals brauchte sie jeder von uns, der nach Ungarn fahren wollte im Urlaub. Dauerwurst und Tütensuppen gehörten zur Grundausstattung des DDR-Urlaubers im sozialistischen Freundesland. Denn unsere sozialistische Binnenwährung nahm man uns draußen nicht ab. Heute haben wir eine allseits gerngesehene und -genommene Währung, brauchen also weder Dauerwurst noch Tütensuppen. Trotzdem gibt es heute von beidem so unendlich viele Sorten. Sie unterscheiden sich namentlich und verpackungsmäßig, nicht aber – beziehungsweise sehr selten – im Geschmack. Die deutsche Dauerwurst ist wie auch die deutsche Tütensuppe in ihrem Einheitsgeschmack ganz und gar unverwechselbar.

Diesen Einheitsgeschmack hatten beide übrigens in Ost und West schon vor der deutschen Einheit. Anders als am deutschen Menschen ist die Teilung an deutscher Dauerwurst und Tütensuppe fast spurlos vorübergegangen. Allerdings lebten wir hier im Osten lange in dem Kinderglauben, die bessere, buntere Tüte enthalte auch die bessere Suppe. Heute wissen wir, das Auge ißt nur mit, bis der Löffel im Mund ist.

Wie ekelten wir uns früher vor den unansehnlichen Obst- und Gemüseauslagen bei Konsum und HO und mußten noch froh sein, so ungewaschenes, madiges Zeug überhaupt zu bekommen. Damals träumten wir von jenen glänzenden Westfrüchten, die jenseits von Mauer und Stacheldraht im Überangebot waren. Heute kann es schon vorkommen, daß wir uns zurücksehnen nach diesen ungewaschenen, madigen Ostfrüchten, die auch die Maden nicht verschmähten. Das Auge ißt zwar noch immer mit. Aber es ist nun mal nicht des Menschen einziges Geschmacksorgan. Die so lange von uns entbehrte Weihnachtserdbeere ist ausschließlich fürs Auge gemacht, wie fast alles inzwischen weltweit auf holländisch produzierte Obst und Gemüse.

Daß die heute handelsüblichen Blumen aussehen, als kämen sie aus Labor und Designermappe, stört mich weniger. Die will ich ja nicht essen. Aber die Tomate ... Wehmütig gedenke ich heute jener matschigen Konsum-Tomaten, die nicht nur das an natürliche Tomaten erinnernde Aroma verkörperten, wie das die Designerfrucht von heute tut. Die Banane hat sich der Ostdeutsche erkämpft. Seine Tomate dürfte für immer verloren sein.

Sicher wird jetzt hier in Berlin und Brandenburg auch wieder geworben für die Produkte aus der Region. Und ich kaufe möglichst das, was hier wächst oder produziert wird. Nicht etwa, weil die heimischen Produkte besser wären. Die längst wieder gesamtdeutsche Chemie bringt inzwischen allen Obstbauern Wohlstand und ihren Früchten Schönheit. Vom Havelobst aber weiß ich wenigstens, daß es vor dem Verbrauch nicht erst quer durch Deutschland transportiert werden mußte.

Keinem Schwarzwälder würde ich die brandenburgische Schattenmorelle oder die berühmte Spreewaldgurke empfehlen. Es sei denn, er ist hier zu Besuch. Dann würde ich ihm einen Spreewaldbesuch empfehlen. Dort mag ihm die daselbst eingelegte Gurke vorkommen wie eine ganz und gar einmalige Delikatesse. Und wenn er dann daheim im Schwarzwald das aus Lübbenau mitgebrachte Glas Gurken öffnet, mag ihm die Erinnerung an den schönen Spreewald den Geschmack nochmal veredeln. Wenn er das gleiche Glas aber erst im Supermarkt nebenan kauft, wird er sich wundern, daß die berühmten Spreewaldgurken jetzt kaum anders schmecken als die andern handelsüblichen sauer eingelegten Gurken.

Als ich im vergangenen Jahr am Rande der französischen Alpen war und in einem kleinen Café ein Glas Weißwein bestellte, fragte mich die Wirtin ganz selbstverständlich, ob ich einen Wein aus der Region haben wollte oder nur einen ordinären. Natürlich bestellte ich den Wein aus der Region, und er schmeckte wunderbar.

Hier in Berlin seh ich dann im Supermarkt diesen gleichen »Wein aus der Region« und kaufte ihn. Allerdings schmeckte er hier, weit außerhalb der Region, wie ein ganz ordinärer, trockener Weißwein. –

Ich weiß ja, Globalisierung bedeutet auch, daß ich künftig in Kapstadt irische Butter, flämische Leberpastete und französischen Käse kaufen kann. Allerdings frage ich mich auch, ob sich der Weg nach Kapstadt lohnt, um dort genau das zu essen und zu trinken, was ich auch in Berlin, Paris oder Lüdenscheid essen und trinken kann. Ich kenne die südafrikanische Küche nicht, aber wenn ich nach Südafrika komme, möchte ich nicht unbedingt das essen, was inzwischen überall in Mitteleuropa gegessen wird. Südafrikanischen Wein übrigens kenne ich inzwischen dank der Weltoffenheit meines Supermarktes. Ich weiß auch noch, daß ich ihn ganz gut, aber eben nicht außergewöhnlich fand. Sollte ich allerdings irgendwann einmal nach Kapstadt kommen, so bin ich sicher, dort werde ich keinen anderen Wein anrühren als den südafrikanischen.

Wer aus dem Mangel kommt wie wir Ostdeutschen damals anno 89 – wie relativ dieser Mangel war, lasse ich jetzt mal dahingestellt –, sieht den Überfluß mit anderen Augen als jemand, der in diesem Überfluß aufgewachsen ist. Ich erinnere mich noch sehr gut daran, wie die Altbundesbürger lachten oder verständnislos den Kopf schüttelten, als wir Ossis uns auf leere Plastiktüten, Bananen und holländisches Gemüse stürzten. Ich habe mich damals für meinesgleichen geschämt. Aber woher sollten die Leute hier den Unterschied gelernt haben zwischen den überflüssigen Plastiktüten und dem schönen Luxus eines opulenten Käsetellers?

Dieser weite Warenteppich verlangte von uns nach der ewig knappen Warendecke sozialistischer Mangelwirtschaft ein völlig neues Verbraucherverhalten. Daß damit keine neue Zivilisationsstufe verbunden war, lernten wir schnell. Aber als Verbraucher machten wir in kürzester Zeit alle Fehler nach, die die Altbundesbürger in den vierzig Jahren davor gemacht hatten. Das verlieh diesen Altbürgern das schöne Gefühl immer wieder bestätigter Überlegenheit.

Immerhin brauchten wir erstaunlich wenig Zeit, um festzustellen, was wir alles nicht brauchen von dem, was uns früher als wunderbar westlicher Werbetraum erschienen war auf unseren Bildschirmen aus Staßfurt. Nicht *Tagesschau* oder *Heute* hatten unser Westbild geprägt, sondern ausschließlich das Werbefernsehen. Ob Tagesschau und Heute immer die Wahrheit sagten, daran mochte mancher im Osten zweifeln. Am Werbefernsehen zweifelte man nicht. Ist es ein Wunder, daß der Ostler tief enttäuscht war, als er feststellen mußte, nicht nur von Honecker und seinem DDR-Fernsehen belogen und betrogen worden zu sein, sondern auch vom westlichen Werbefernsehen? Deshalb hat es jetzt wohl alle Werbung im Osten schwerer als im Westen. Das halte ich für ein kleines Zeichen östlicher Überlegenheit.

Da die vier Grundrechenarten relativ ideologiefrei auch im Osten gelehrt worden waren, brauchten wir auch nicht lange, die Kunst des Preisvergleichs zu erlernen. Alle Energie, Zeit und Intelligenz, die wir früher darauf verwenden mußten, irgendwelche Mangelwaren überhaupt zu ergattern, brauchen wir nun, um das, was im Überfluß überall herumsteht in den Geschäften, möglichst preisgünstig zu erwerben. Wir lernten den

Lehrsatz des Ludwig-Erhard-Pythagoras vom Preis-Leistungs-Verhältnis.

So wie wir auf diesem intellektuellen Gebiet unseren Brüdern und Schwestern kaum noch nachstehen, lernten wir auch, uns zu kleiden, daß unsere östliche Herkunft am Anorak nicht mehr festzumachen ist. Auch den peinlichen DDR-Trainingsanzug warfen wir auf den Misthaufen der Geschichte und tragen nun jene modisch farbenfrohen Jogginganzüge der neuen Zeit. Und die sozialistische Kittelschürze der werktätigen DDR-Bürgerin verschwand weitgehend aus unserm Menschenbild. Wie das heißt, was unsere jetzt weit weniger werktätigen Bundesbürgerinnen tragen, wenn sie die Treppe wischen oder nach Mallorca fahren, weiß ich nicht. Ich mag es auch nicht wissen. Jedenfalls will mir jene Dederon-Kittelschürze bei aller Häßlichkeit erscheinen wie ein früher Sieg des zwar nicht guten, aber doch nicht ganz so schlechten Geschmacks.

Abgesehen von allen Geschmacksfragen halte ich inzwischen vieles von dem neuen Überfluß nicht nur für entbehrlich, sondern für schädlich. Nicht nur, daß überall auf der Welt völlig überflüssige Dinge in ungeheuren Mengen hergestellt werden, diese überflüssigen Produkte aus oft ganz und gar nicht überflüsssigen Rohstoffen werden ganz und gar überflüssigerweise so lange durch die Welt gekarrt, bis man irgendwo einen Dummen findet, der bereit ist, dafür zu bezahlen. Seit es die DDR nicht mehr gibt mit ihren beinahe siebzehn Millionen Alles-Abnehmern, sind die Wege in Europa noch weiter geworden. Dafür allerdings sind die Straßen- und Eisenbahnverbindungen jetzt auch besser. Das ermöglicht einen immer reibungsloseren Ablauf des Hin-und-Her-Transport-Wahnsinns. Daß die Luft über Ostdeutschland trotzdem nicht schlechter wird, liegt allein daran, daß hier alle umweltschädliche Industrie ausgelagert wurde, um die Luft über den Billiglohnländern zu bereichern.

Alle Luft-, Wasser- und Landwege dieser Erde werden genutzt, um Mensch und Ware dahin zu bringen, wo sie einander nicht mehr ausweichen können. Noch betrachtet man den Menschen ja unglücklicherweise als unersetzliches Zwischenlager für den von ihm produzierten Müll, bevor man diesen seiner Endlagerung zuführen kann. Der direkte Weg von den Produktionsstätten zu den Müllplätzen dieser Erde wäre unwirtschaftlich, weil die vielen Zwischenhändler dabei auf der Strecke blieben. So kann es denn passieren, daß ein relativ kurzlebiger Fruchtjoghurt heutzutage größere Entfernungen zurücklegt, als ein DDR-Bürger einst in vierzig Jahren Sommerurlaub. So wie wir endlich überall freie Fahrt für freie Bürger haben, gibt es jetzt eben auch freie Fahrt für freien Joghurt.

DER ZWECK HEILIGT DAS BÜNDNIS

Bündnisse schließt man am zweckmäßigsten gegen jemand oder gegen etwas. Nur so aus Liebe und Zuneigung geschlossene Bündnisse – das wissen wir von der Ehe – scheitern allzu leicht an der Unbeständigkeit unserer so unzuverlässigen Gefühle. Liebe vergeht, Haß besteht oft auch dann noch, wenn der Gegenstand des Hasses weit weg ist oder gar nicht mehr existiert. Antisemitismus braucht den Juden nicht, wie Antikommunisten keine Kommunisten brauchen. Liebe mit vorgestelltem Partner ist ein sehr schwacher Ersatz, für den Haß reicht ein Feindbild allemal.

Enttäuschte Liebe – und welche Liebe kennt die Enttäuschung nicht – kann leicht zu Haß führen. Enttäuschter Haß begegnet einem viel seltener. In der Abneigung sind Menschen eben beständiger als in der Zuneigung. Wer einmal bei Scheidungsverhandlungen den Haß erlebt hat, der dort zwischen den einst Liebenden zutage tritt, kann sich kaum vorstellen, daß zwischen beiden einmal etwas anderes gewesen sein könnte als Haß. Das können sich die von Herzen Hassenden nun auch nicht mehr vorstellen, vor allem aber wollen sie es nicht. Lieber verbrennen sie ihre Liebesbriefe, als sich noch einmal an die eigenen Gefühle zu erinnern. Die Gefühle des jeweils anderen waren ohnehin von allem Anfang an nur geheuchelt. Nirgendwo leidet das Erinnerungsvermögen so wie in Liebe und Politik.

Wenn beide aber zusammenkommen, Politik also zur Herzenssache wird, wie einst das heiliggesprochene Bündnis der Arbeiterklasse in der DDR, dann wird die Angelegenheit im nachhinein ganz und gar unergründlich. Als sich im Jahre 1946 Kommunisten und Sozialdemokraten zur heiligen Einheitspartei trauen ließen, nannten es die einen Liebesheirat, die andern Teufelspakt, je nach Interessenlage. Daß es den Kommunisten bei dem Bündnis nur um die Macht ging, wird inzwischen von keinem mehr bestritten. Denn die Archive der Kommunisten sind geöffnet. Daß die Sozialdemokraten auf der anderen Seite allein der Menschenliebe verpflichtet waren, und daß Kurt Schumacher an die unbefleckte Empfängnis der Macht glaubte, darf man wohl nur so lange vermuten, bis eines fernen Tages auch die Archive der Gegenseite geöffnet werden. Das muß uns aber nicht kümmern, denn das werden wir wohl nicht mehr erleben.

In der Liebe wie in der Politik sind die schönsten Märchen die, in denen der eine der ganz und gar Gute ist und der andere der vollkommen Böse – la belle et la bête. Der Scheidungsrichter im Zivilgericht urteilt inzwischen längst nach dem Zerrüttungsprinzip, vor dem politischen Weltgericht gilt nach wie vor das Schuldprinzip. So kommt es denn, daß nach einer gescheiterten Liebe meist zwei Verlierer übrigbleiben, in der Politik aber immer einer der Sieger sein will. Deshalb steckt auch in der unglaublichsten Liebesgeschichte noch ein Körnchen Wahrheit.

In der Politikgeschichte hingegen geht Glaubwürdigkeit noch allemal vor Wahrheit. Als jener Teufelspakt, die Liebesheirat zwischen KPD und SPD im Ostberliner Admiralspalast seinerzeit geschlossen wurde, war ich noch viel zu jung, um dafür oder dagegen zu sein. Ich wußte vom Unterschied zwischen Kommunisten und Sozialdemokraten so viel, wie ich vom Unterschied zwischen Mann und Frau wußte. Ich ahnte ja auch nicht, daß der Riß durch die eigene Familie ging.

Ich wohnte damals mit meiner Mutter in Finsterwalde, der große Rest der Familie in Berlin. Immer wenn ich dorthin zu Besuch kam, mußte ich mich nun entscheiden zwischen SED und SPD, entweder oder. SED, das war mein Großvater in Biesdorf. SPD, das war mein Großonkel Erich in Oberschöneweide. Wenn ich beim einen war, durfte ich den andern nicht besuchen. Darin waren sich beide einig. Anfangs dachte ich, es handele sich um irgendeine Familienzwistigkeit – mein Großvater Erich konnte seinen Schwager aus irgendeinem fernen Grunde nicht leiden und umgekehrt. Das kam ja in den besten Familien vor. Vom weltpolitischen Anlaß der Feindschaft ahnte ich nichts. Fragen mochte ich nicht, weil ich die Antwort auf solche Fragen zu gut kannte: Das verstehst du noch nicht.

Einmal schickte mich mein Großvater – ich war in Biesdorf zu Besuch – in den hinteren Teil des Gartens. Er erwarte Besuch, dem ich nicht unbedingt begegnen müßte, sagte er noch. Und dann sah ich auf Großvaters Laubendach den feindlichen Onkel Erich mit Dachpappe und Teer hantieren. Später sah ich Großvater und

Großonkel sogar miteinander reden, ganz friedlich, als gäbe es nicht den Hauch einer Feindschaft zwischen ihnen. Als mein Großvater mich wieder nach vorn ins Haus rief, fragte ich dann endlich, was er denn gegen seinen Schwager gehabt hätte. Die Antwort war einfach, aber prinzipiell: »Gegen ihn hatte und habe ich gar nichts. Aber gegen seine Partei alles.«

Daß mein Großvater in der SED war, wußte ich, er trug ja sein Parteiabzeichen, wenn er nicht gerade nach Westberlin einkaufen ging. An meinem Onkel Erich hatte ich nie ein Abzeichen gesehen. Nun erfuhr ich aber von meinem Großvater, daß er Mitglied jener Ost-SPD sei, die sich der Vereinigung mit der KPD verweigert hatte. Sie bestand – das hatte mit dem Viermächtestatus von Berlin zu tun – bis zum Mauerbau und löste sich dann selbst auf.

Wenn ich nun bei meinem SPD-Onkel in Schöneweide war, genügte das kleinste Stichwort, und er erzählte von jener Zwangsvereinigung mit den Kommunisten damals. Mein Großvater sprach vom selben Ereignis als dem historischen Bündnis der Arbeiterklasse. Dieses historische Bündnis also hatte die Familie in zwei feindliche Lager gespalten, und beide Lager wollten mich vor dem Einfluß des jeweils anderen schützen. Ansonsten war die Feindschaft wohl rein prinzipieller Art.

War ich in Schöneweide, trug ich jetzt die SPD-Zeitungen aus. Das machte schon deshalb Spaß, weil es heimlich zu geschehen hatte. Die SPD war zwar eine zugelassene Partei, aber ihre Parteizeitung durfte gelesen, nicht aber verteilt werden.

Das klingt etwas unlogisch, aber kalter Krieg und Logik schlossen einander nun mal aus. Die Parteiarbeit bestand, so weit ich sie kennenlernte, in Beitragskassierung (mein Großonkel war Kassierer), Zeitungaustragen und gelegentlichen Dampferfahrten nach Zeuthen. Im Zeuthener Ausflugslokal Rosengarten wurde dann Kaffee gekocht und getanzt. Das Durchschnittsalter der SPD-Genossinnen und -Genossen war ziemlich hoch.

Was sie alle zu verbinden schien, war auf der einen Seite die entschiedene Ablehnung der Kommunisten und die Verehrung für den Regierenden Bürgermeister Willy Brandt. Sein Bild hing damals wohl in jeder ostberliner Sozialdemokratenstube.

Mein Großonkel hatte sogar ein Farbfoto von ihm und ein Buch, das er mir immer zu lesen gab, wenn ich ihn besuchte, von dem ich aber keinem etwas erzählen sollte – »Die Revolution entläßt ihre Kinder«. Was ich da las, war das gerade Gegenteil von allem, was mein Großvater erzählte und was ich in der Schule lernte. Ich weiß nicht, wie oft ich das Buch gelesen habe. Immer hatte ich dabei das Gefühl, etwas Verbotenes zu tun. Und das ist ja ein eher angenehmes Gefühl.

Wenn in Biesdorf die Rede kam auf die Schöneweider Verwandtschaft, schimpfte mein Großvater meist, wenn er nicht verächtlich schwieg. Seinen Schwager nannte er nur den »Stehkragenproletarier«. Aber wenn das Dach undicht oder etwas anderes zu reparieren war in Biesdorf, rief er doch nach seinem Parteifeind. Der Stehkragenproletarier konnte nämlich etwas, was mein rein proletarischer Großvater nicht konnte – mit den Händen arbeiten.

Als Gegenleistung durfte mein Onkel Erich bei meinem Opa Erich im Garten Obst für sich und seine Familie pflücken. Überhaupt half man einander, wie und wo immer es nötig war. »Ideologisch trennen uns Welten«, sagte mein Großvater immer wieder. Wenn ich fragte, worin die Welten bestünden, sagte er, das würde er mir später erklären, wenn ich es verstehen könnte. Dazu ist es nie gekommen.

Wie gesagt, es handelte sich bei meinem Großvater und seinem Schwager um eine rein prinzipielle Feindschaft. Praktisch verband sie eher so etwas wie ein Zweckbündnis.

SÜSSE FREIHEIT

Eines der Programme meines Kölner Kollegen Richard Rogler heißt »Freiheit aushalten«. Er schenkte mir das Textbuch hier in Ostberlin kurz nach unserer Selbstbefreiung aus realsozialistischer Unfreiheit. Daß wir uns damals selbst befreit haben, das gerät ja immer mehr in Vergessenheit. Von Unfreiheit jedenfalls hatte ich damals schon eine ziemlich genaue Vorstellung und wundere mich noch heute, wieviel davon ich nach und nach widerspruchslos akzeptiert, wieviel Unfreiheit ich als solche gar nicht mehr unbedingt wahrgenommen hatte.

Als Richard Rogler hier in meiner nun auch befreiten Ostberliner Wohnung die Freiheit als solche pries, äußerte ich leise Zweifel, nicht aus Überzeugung, sondern aus Mangel an solcher. Immer, wenn man mir etwas allzu laut und allzu absolut preist, regt sich bei mir der Zweifel. Das scheint eine dieser, vielen Westlern völlig unbegreiflichen, DDR- Krankheiten, dieser Zweifel an allem, dieses ewige Herummäkeln. Erst am Sozialismus, jetzt an der Demokratie. Es stimmt schon, uns kann man es nie rechtmachen. Daß wir undankbar sind, das hat uns schon damals die DDR-Führung vorgeworfen.

Aber zurück zur Freiheit! Von ihr hatte ich seinerzeit eine sehr vage Vorstellung, obwohl ich doch das Glück gehabt hatte, immer mal in die freie Welt hinauszugehen, um dort an allerlei Kindertheatern zu arbeiten. So schmerzlich und peinlich ich die Grenze, die ich dabei zu überschreiten hatte, auch immer empfand, wenn ich sie hinter mir hatte, schien mir der Unterschied zwischen Freiheit und Unfreiheit nicht mehr so gewaltig. Das durfte ich zu Hause natürlich keinem sagen, denn wer hatte da schon die Möglichkeit, diesen Unterschied einmal zu erleben. Aber gedacht hab ich doch immer wieder, daß die Menschen in der Freiheit gar nicht so viel anders, also freier lebten, als wir daheim in der Unfreiheit. Vielleicht lag das auch daran, daß ich nur am Theater war, und Theater ist immer etwas anders als die Wirklichkeit. Aber auch heute kommt mir immer wieder der ketzerische Gedanke, daß Freiheit genauso eine Schimäre sein könnte wie Sozialismus und Kommunismus oder eben Demokratie.

Jetzt, da die ganze heikle Reiserei für unsereinen zum Beispiel auf die Geldfrage zusammengeschrumpft ist, neige ich dazu, viel Geld für viel Freiheit und wenig Geld für wenig Freiheit zu halten. Für den, der genug Geld hat, ist der ganze Kapitalismus die reine Demokratie, während für den mit wenig Geld die ganze Demokratie der reine Kapitalismus sein dürfte. Die Freiheit jedenfalls, nach der die übergroße Mehrheit von uns DDR-Bürgern seinerzeit gedürstet hatte, war eine andere Freiheit als die, zu der unbedingt auch Gleichheit und Brüderlichkeit gehören. Wir meinten Bewegungsfreiheit, und dazu gehörte die D-Mark, nicht mehr und nicht weniger.

Für einen wie mich war natürlich die Freiheit von Zensur genauso wichtig, aber das war wohl nur berufsbedingt. Jedenfalls gehörte ich damit längst nicht zur Mehrheit. Denn was der Bauer nicht liest, das muß ihn auch nicht interessieren. Wie wenig gelesen wurde und wird – auch im »Leseland DDR« – das weiß ich erst jetzt, da man Bücher nicht mehr kauft, weil man etwas Verbotenes darin vermutet, sondern fast ausschließlich, um sie zu lesen oder doch zumindest um zu zeigen, wozu man gehört. Und das zu zeigen, empfiehlt sich heute und hier schon sehr. Auch wenn es sich dabei um freiwillig auferlegte Zwänge handelt – der Zwang irgendwo dazuzugehören ist in der Freiheit, so weit ich sie jetzt kenne, wesentlich größer als damals in der Unfreiheit, so weit ich sie kennengelernt habe.

In der DDR legte ich es geradezu darauf an, nirgendwo dazuzugehören, und es ging mir nicht schlecht dabei. Es war ein durchaus angenehmes Gefühl, nicht in der Partei zu sein, nicht dem Schriftstellerverband anzugehören, obwohl letzteres durchaus materielle Vorteile haben konnte. Ich habe mehrmals von Bekannten, die nicht ganz freiwillig in der Partei waren, den neidischen Satz gehört: »Naja, du kannst dir das leisten.« Das konnte ich, weil ich keine Karriere machen wollte und konnte, und weil mein Beruf mir größere Unabhängigkeit erlaubte.

Als ich kurz nach dem Mauerfall im Rheinland, wo es am fernsten ist, einen ehemaligen Dresdner traf, der noch im September 1989 aus der DDR »legal ausgereist« war und nun aus Gründen des Stolzes nicht wieder zurückwollte ins Sächsische, da brachte er den Unterschied der Systeme für sich auf die Formel: In der DDR mußte ich als abteilungsleitender Diplomingenieur in der Partei sein. Die Versammlungen waren zum Kotzen. Hier muß ich jetzt als selbständiger Gewerbetreibender in allen ortsüblichen Vereinen sein. Die Sauferei ist wenigstens nicht ganz so langweilig wie es das Parteilehrjahr war. Aber wenn man nicht dabei ist, kriegt man kein Bein zur Erde.

Ich weiß, diese sächsische Bemerkung kann nicht repräsentativ sein für den Unterschied zwischen den Systemen. Aber gewisse Zwänge herrschen eben auch in der Freiheit, wie man sich gewisse Freiheiten auch in der Diktatur herausnehmen konnte. Nirgendwo übrigens war der DDR-Bürger so frei, wie wenn er im Dienst war, umso unfreier war er in seiner Freizeit. Insofern war dieses System wohl wirklich sowas wie eine Diktatur der Diensthabenden. Jeder Werktätige, wie unsere Diensthabenden gern genannt wurden, war im Dienst – sei es als Kellner, Pförtner oder Briefmarkenverkäufer – weisungsberechtigt gegenüber allen Mitbürgern, die ihre Freizeit vor dem Ladentisch oder dem Postschalter verbrachten. Besonders gefürchtet waren diensthabende Handwerker, Taxichauffeure und Hotelportiers. Urlaub im Sozialismus, das war die Rache aller Diensthabenden am nichtarbeitenden Teil der Bevölkerung.

Und was die Hackordnung im Dienst betraf, so war der Vorgesetzte durchaus nicht immer automatisch weisungsberechtigt. Um es etwas verkürzt, aber durchaus realistisch zu sagen: In der Diktatur bestimmte die Sekretärin, wann diktiert wurde. Da waren Vorgesetzte nämlich nur sozialistische Leiter, und einem sozialistischen Leiter konnte sogar ein Antikommunist mit seiner Kündigung drohen. Auch wenn längst nicht überall gearbeitet wurde, Arbeitsplätze gab es überall, und Arbeitskräfte suchte man überall.

Gewiß, so ein System konnte auf Dauer gar nicht funktionieren, und wenn dennoch etwas daran wie ein Wunder erscheint, so ist das die Tatsache, daß es trotz allem vierzig Jahre gehalten hat. Wie lange das andere, überlebt habende System halten wird, scheint mir unter anderem davon abzuhängen, wie weit es fähig ist, vom untergegangenen System zu lernen: Wer nicht die Fähigkeit entwickelt sich zu verändern, der muß untergehen. Im Untergangstempo war der Sozialismus dem Kapitalismus zwar weit voraus, aber auch was länger währt, muß nicht gut werden.

Wir DDR-Bürger haben irgendwann den Zwang nicht mehr ertragen, der uns von all und jedem Diensthabenden in unserer Freizeit angetan wurde. In der DDR war alles knapp, nur eines nicht – Arbeit. Jetzt in der Bundesrepublik gibts alles im Überfluß. Nur eines fehlt – Arbeit. Wem es aber lange genug an Arbeit fehlt, dem wird es auch bald an allem andern fehlen. Und wenn es erst zu vielen an zu vielem fehlt, dann zählt auch nicht mehr die Freiheit des Wortes, und die Reisefreiheit kann, auch wenn sie fortbesteht, nicht mehr in Anspruch genommen werden. Dann könnte der gerade so gründlich widerlegte Marx doch nochmal recht bekommen und der Kommunismus als Gespenst im verarmten Europa wieder mal umgehen. Die Frage, ob Demokratie in Deutschland auch ohne Wohlstand funktioniert, ist noch nicht beantwortet. Und ob das überhaupt Demokratie ist, wenn die einen immer reicher werden, weil die andern immer ärmer werden, das ist ohnehin eine zumindest berechtigte Frage.

Ich finde, es ist an der Zeit, Marx mal wieder zu widerlegen mit seiner Verelendungstheorie. Dafür sollte man aber wohl weniger den Selbstheilungskräften des Marktes vertrauen, als viel mehr alles daransetzen, den Sozialstaat zu retten, damit uns die Demokratie – so unvollkommen sie auch sein mag – noch ein Weilchen erhalten bleibt. Denn wenn man die Mittel dazu hat, ihre Vorteile zu nutzen, dann kann Freiheit auch von einem beträchtlichen ideellen Wert sein. Eine Freiheit, von der ich aus materiellen Gründen ausgeschlossen bin, verliert auch schnell ihren ideellen Wert. Dann wird sie nämlich zu dem, was der Sozialismus in der DDR geworden war, zur hohlen Phrase erst und dann zur Perversion.

Die DDR ist nicht zusammengebrochen, weil sie ihren Bürgern zu wenig Freiheit bot. Das wär zu schön, um wahr zu sein. Sie hat vielmehr ihren Bürgern so wenig Freiheit bieten können, weil sie ökonomisch versagt hat. Hätte die DDR-Wirtschaft funktioniert, hätte man keine Mauer bauen müssen. Denn schon damals flohen die DDR-Bürger in ihrer überwältigenden Mehrheit nicht in den freien, sondern in den reichen Westen. Und bei Lichte betrachtet, also mal abgesehen von allen Festreden, die der Wiedervereinigung galten und gelten, wir ehemaligen DDR-Bürger waren am 3. Oktober 1990 zu neunundneunzig Prozent Wirtschaftsflüchtlinge. Es ging nicht um die freiheitlich demokratische Grundordnung, die uns so gefehlt hatte; von der hatten wir, das wissen wir jetzt, kaum eine Ahnung. Es ging uns um die freie Fahrt für freie Bürger. Unsere Vorstellungen von Freiheit erschöpften sich doch oftmals darin, daß wir meinten, nun auch verkehrtherum in eine Einbahnstraße fahren zu dürfen. Freiheit, das war die Aufhebung aller Geschwindigkeitsgrenzen auf unsern Straßen. Freiheit war für manche unter uns nicht nur die Freiheit zu sagen, was man wollte, sondern auch zu schlagen, wen man nicht wollte – Ausländer, Behinderte, Schwule, Obdachlose. Den Umgang mit Westgeld hatten wir im Intershop lernen können. Freiheit war für uns ein Schlagwort wie Sozialismus, nur eben, daß wir an die Existenz von Freiheit wirklich glaubten.

Denn daß die bei ihnen herrsche, hatten uns unsere Westfreunde und -verwandten ja oft genug glaubhaft versichert. Noch im Mai 1992, bei einem Dichtertreffen auf Hiddensee, ermahnte uns – Schriftsteller aus dem Osten – ein namhafter Verleger aus dem Westen, wir sollten uns doch endlich von allen Utopien wie etwa Sozialismus verabschieden. Statt dessen sollten wir uns so realistischen Zielen wie Freiheit, Gleichheit, Brüderlichkeit zuwenden. Seitdem versuche ich so realistische Ziele wie Freiheit und Gleichheit unter einen Hut zu bekommen. Denn wenn man das erst geschafft hat, dann ist die ganze Brüderlichkeit nur noch ein Klacks.

DER KANZLER

Es tut mir leid, jeden enttäuschen zu müssen, der jetzt ein besonders heiteres Kapitel erwartet. Ich war gestern abend im Kabarett, und ein sehr begabter und beliebter Kollege aus Stuttgart hat auf der Bühne mehr als eine Stunde darauf verwendet, mit des Kanzlers unverwechselbarem Zungenschlag, der so leicht nachzumachen ist, alles das vorzuführen, was er an diesem, seinem (ach, wär es seiner nur geblieben) Kanzler komisch und gleichzeitig verwerflich findet.

Das Publikum jubelte, wie es eben nur noch über Kohl-Witze zu jubeln scheint. Ich – zugegeben, auch Urheber des einen oder anderen Kanzler-Witzes – wurde indessen immer stiller und nachdenklicher. Zum Schluß, nach der dritten oder vierten Kohl-Zugabe, hatte ich ihn fast schon liebgewonnen, diesen unseren Kanzler. Erst nachdem ich ihn heute abend in der Tagesschau selbst reden hörte, war auch alle Sympathie wieder weg.

Ich weiß es schon lange, aber seit gestern abend bin ich mir noch sicherer: Jeder Kohl-Witz ist eine Verharmlosung seiner Person. Im Frühjahr 1990, als uns hier im Osten aller Witz ausgegangen war, wurde ich vom WDR zu einem Gespräch über den politischen Witz nach Köln eingeladen. Damals war ich zum erstenmal, was ich inzwischen oft bin, der Quoten-Ossi unter mehreren

Kabarettkollegen aus dem Westen und einigen, selbstverständlich westlichen Politikern. Ausgerechnet ein Politiker aus des Kanzlers Koalition erzählte, ehe die Mikrophone angestellt waren, den – so nannte er das – definitiv letzten Kohl-Witz: »Es gibt gar keine Kohl-Witze. Denn sie sind alle wahr.« Darüber wunderte ich mich damals noch. Nicht über den Witz, sondern über den Politiker, der sowas erzählte und trotzdem gemeinsame Koalitionssache mit diesem verspotteten Kanzler machte. Damals hielt ich allerdings Kohl-Witze noch für politische Witze.

Ich kam eben aus dem Osten und meinte allen Ernstes, Politiker würden mit dem, was sie sagen, auch etwas meinen. Sie dürften nicht so verantwortungslos vor sich herreden wie unsereins, nur weil sie politische Verantwortung tragen. Gerade das sei ja so komisch gewesen an uns Ossis, sagte mir neulich ein ganz junger und schon deshalb besonders überlegen wirkender Wessi, daß wir uns immer darüber aufgeregt hätten, wenn wir feststellten, daß uns ein Politiker mal wieder belogen hätte.

Das wisse man doch schließlich, und darüber rege man sich längst nicht mehr auf in westlicher Zivilisation. Nun muß ich gestehen, daß ich zu DDR-Zeiten genau wußte, daß mich meine Politiker – es waren nun mal meine, auch wenn ich sie nie gewählt hatte – nach Strich und Faden belogen. Darüber allerdings regte ich mich immer wieder auf. Anders als viele meiner Landsleute im Osten ahnte ich schon früher, daß auch demokratisch gewählte Politiker hier und da lügen, unter anderem eben auch um demokratisch wiedergewählt zu werden. Aber ich kann nicht sagen, daß mich das heute weniger aufregt als meine ganz und gar enttäuschten Landsleute mit dem ehemals grenzenlosen Vertrauen in demokratische Politiker. Dieses grenzenlose Vertrauen, das ihnen da vom Osten entgegengebracht wurde, erwiderten die Politiker mit dem ebenfalls grenzenlosen Vertrauen in die Gutgläubigkeit und vor allem in die Vergeßlichkeit ihrer Ostwähler. Viele Ostwähler erwiesen sich dieses Vertrauens als unwürdig und wählten fortan zu aller Entsetzen die PDS.

Aber ich wollte ja von meinem Freund, dem Kanzler reden. Er schien damals, als wir noch glaubten, eine Revolution zu machen, mit der Selbstverständlichkeit eines Naturereignisses über uns zu kommen. Ich jedenfalls fühlte mich ziemlich brutal überrollt, denn ich ahnte damals nicht, welch eine Mehrheit auch im Osten diesen Helmut Kohl dann zu unserem gemeinsamen Kanzler machen würde. Immer wieder ging mir ein Satz von Brecht im Kopf herum, den ich auch heute noch nicht vergessen kann: »Wir wollten keine neuen Herren, sondern keine.« Also meine Kohl-Witze, die ich damals aus Hilflosigkeit zu machen versuchte, waren wohl eher bitter als komisch.

Dabei erinnerte ich mich auch an ein langes Kohl-Interview, das Günter Gauß zu jener Zeit geführt hatte, als Barzel versuchte, Brandt zu stürzen. Wie froh war ich damals, daß der eher intellektuell wirkende Barzel gegen Brandt angetreten war und nicht der so bieder-harmlos redende Kohl. Denn Kohl – das erkannte ich damals bereits, ohne heute stolz auf diese Erkenntnis zu sein –, Kohl ist das Ideal des deutschen Wählers. Der ist einem scheinbar in nichts über, der nette dicke Mann von nebenan, der sich auch nicht besser ausdrücken kann, den man dafür aber auch immer und auf Anhieb versteht. Die redliche Schlichtheit und schlichte Redlichkeit des Durchschnittsbürgers. Einer, den man weder beim Ladendiebstahl noch bei geistigen Höhenflügen ertappen wird.

Einer, der es den Anlagen nach auch nicht weiter bringen dürfte als unsereins. Kurz, endlich mal einer wie du und ich ganz oben. Das muß für den deutschen Wähler nach so einer arroganten Ausnahmeerscheinung wie Willy Brandt die reine Wiedergutmachung gewesen sein. Der überfordert das deutsche Selbstverständnis nicht durch Kniefälle in Warschau, Weibergeschichten und Dichterfreundschaften. Kohl ist des deutschen Wählers Rache für Willy Brandt. Mag dieser begabt gewesen sein. Jener hat Ausdauer, und Ausdauer ist, was bei uns zählt. Kohl ist unser ganz und gar selbstbestimmter Schicksalskanzler. Daß er ohne uns, also ohne das Ostvolk, 1990 nicht nochmal Kanzler geworden wäre, ist ein frommer Wunsch von West-Intellektuellen, die sich schon immer nicht nur für klüger, sondern auch für zahlreicher gehalten haben, als sie sind. Ich verstehe ja auch, daß sie so einen Schreck bekamen, als sie uns kommen sahen in unseren Anoraks, auf der Jagd nach Plastetüten und dem Ruf nach der Banane und nach Deutschland. Das war noch Dummheit, die man sehen und anfassen konnte.

Seit wir aber nun die Jogginganzüge unseres westlichen Brudervolkes tragen, Golf und Mercedes fahren wie die Schwaben und die Bayern, die Ferien in gesamtdeutschen Horden auf Mallorca verbringen, sind wir doch auch äußerlich nicht mehr dümmer. Nein, es stimmt schon, was damals – ich glaube, zuerst in der Heldenstadt Leipzig – gerufen wurde: »WIR SIND EIN VOLK!« Jawohl, wir sind ein Volk, und Kohl ist unser Kanzler – so gesamtdeutsch, wie es ein deutscher Kanzler nur sein kann. Den sollten wir uns nicht gegenseitig vorwerfen, den haben wir uns gemeinsam verdient.

Daß er aus Rheinland-Pfalz kommt, ist nichts als ein geographischer Zufall. Er könnte genauso gut aus Cottbus an der Spree stammen. Die Mentalität und sein – ich greife mal so hoch – Geist sind nicht ost- oder westdeutsch, sondern deutsch im allgemeinsten und im schlichtesten Sinne.

Die von ihm studierte Geschichte muß ihn sich förmlich ausgesucht haben als Kanzler der Einheit, einer Einheit auf dem kleinsten intellektuellen Nenner. Zwar hat ihn diese Einheit genauso überraschend getroffen wie uns. Aber er hat zugegriffen und das, was nicht mehr aufzuhalten war, angenommen, während sich die SPD-Spitze wohl nur weit wegwünschte, als wir Ostdeutschen kamen. Brandt fand zwar noch das Wort vom Zusammenwachsen dessen, was da zusammengehört. Seine Enkel aber finden keine Worte mehr, daß die deutsche Einheit nun in der Einfalt dieses Kanzlers ihre Vollendung fand.

DENN SIE WOLLEN NICHT WISSEN, WAS SIE TUN

Immer wenn unsere Politiker irgendwo von irgendwem öffentlich gesagt bekommen, was sie angerichtet haben mit dem, was sie so harmlos-rechtschaffen Sachzwang nennen oder Realpolitik, dann wenden sie sich mit Grausen ab und rufen empört: »Verleumdung!« Natürlich versuchen sie tunlichst, Orte und Personen zu meiden, von oder an denen sie solche rücksichtslose Ansprache fürchten müssen. Das ist nichts Neues und »rein menschlich irgendwie« sogar verständlich.

Die Sage, daß in der früheren Bundesrepublik die Politiker von Regierung und Opposition nur so ins Kabarett geströmt wären, um es sich da mal so richtig ransagen zu lassen, ist in der Tat nichts als eine Sage, die immer weitergesagt wird.

Natürlich konnte einer wie Willy Brandt unbesorgt zu den »Stachelschweinen« und/oder der »Münchner Lach- und Schießgesellschaft« gehen und sich dabei von allen Fernsehkameras der Welt beobachten lassen. Schließlich konnte er sich ganz sicher sein, ihm würde dort kein böses Wort gesagt werden. Die kleinen Anspielungen auf ihn da unten im Parkett von denen da oben auf der Bühne sollten zwar ganz und gar respektlos klingen, sind aber aus der Entfernung einer ziemlich anderen Zeit von Schmeichelei kaum noch zu unterscheiden. Daß Franz-Josef Strauß je in einem politisch-satirischen Kabarett gesehen worden sein soll, halte ich für ausgeschlossen.

Eines zumindest verbindet die Politiker der beiden von mir bisher erlebten Systeme – sie wollen, daß ihnen aus dem Herzen gedichtet und gesungen wird. Sonst kommen sie nicht, nehmen übel oder nicht zur Kenntnis. Schlimmstenfalls gehen sie in der Pause, wenn im zweiten Teil etwas kommt, bei dem sie nicht gut wegkommen. Als Frau Breuel zu einer Premiere in der Distel war, freuten wir uns alle auf ihr Gesicht bei der Treuhand-Nummer im zweiten Teil. Die Freude war so hämisch wie vergebens. Denn nach der Pause erschien sie gar nicht mehr. Sie hatte – das ließ sie uns mitteilen – einen unaufschiebbaren Nacht-Termin. Und alle Zuschauer, die keinen Nacht-Termin hatten, wunderten sich über so viel weise Voraussicht der Treuhand-Chefin. Ich hatte ganz zufällig am Abend vorher ihren Pressesprecher in der Voraufführung gesehen. Daß er ihr etwas von diesem ungehörigen Text erzählt haben könnte, halte ich zwar für ziemlich wahrscheinlich, kann es aber natürlich überhaupt nicht beweisen.

In der DDR gab es die staatlich organisierte Zensur, um unsere hochsensiblen Politiker vor allem zu schützen, was sie eventuell hätte verletzen können. Diese Zensur schützte auch die kleine Öffentlichkeit eines Kabarettkellers vor dem unverschämten Wort. Jedenfalls versuchte sie es und trug so durch nichts als ihre allseits bekannte Existenz viel zum Unterhaltungswert satirischer Kritik im Sozialismus bei. Was damals möglichst gar nicht erst gedruckt oder ausgesprochen werden sollte, ist heute durchaus erlaubt, so lange es nicht die Verantwortlichen so direkt erreicht, daß sie sich in ihrer politischen Würde verletzt fühlen müssen. Eine staatliche Zensur gibt es nicht mehr. Heute muß jeder selbst aufpassen und entscheiden, was er sich wo und vor wem erlauben darf.

Im Kabarett dürfen wir scheinbar alles sagen, weil man sich wohl gesamtgesellschaftlich darauf geeinigt hat, daß es ganz egal ist, was im Kabarett gesagt wird. Wer da hineingeht, muß ja wissen, was er tut. So weit ich das beobachten kann, wissen die meisten Politiker genau, was sie sich antun lassen und was nicht. Ich habe bei uns in der Distel schon viele von ihnen gesehen, den einen oder anderen habe ich da dann sogar wiedergesehen. Daß einer wiederkommt, halte ich für einen Erfolg, wohl wissend, daß die meisten Erfolge im Kabarett auf Mißverständnissen beruhen. Wir sind auf solche Mißverständnisse angewiesen. Ein Saal voller Mißverständnisse ist immer noch besser als ein leerer Saal.

Aber nie habe ich im Saal einen von den Politikern gesehen, von denen auf der Bühne gerade die Rede war. Selbst Herrn Rexrodt ist es gelungen, ausgerechnet in eines von den Distel-Programmen zu geraten, in dem er nicht vorkam.

Also – wie gesagt – eine Zensur gibt es bei uns nicht mehr. Aber die Politiker machen sich das Leben auch nicht unnötig schwer, indem sie sich der Gefahr aussetzen, einer Kritik an sich selbst oder ihrem Tun und Lassen ausgesetzt zu sein. Dafür haben sie ja ihren Bundestag, da sind sie unter sich mit aller Kritik und wissen, daß das alles nicht so gemeint ist.

Aber immer wenn sie ihr politisches Raumschiff verlassen, werden sie merklich empfindlicher. Man könnte den Eindruck gewinnen, daß sie regelrecht Angst davor haben, in aller ungeschützten Öffentlichkeit einem zu begegnen, der nicht nur meint, was er sagt, sondern auch sagt, was er meint. Dann bleibt ihnen nur noch die Flucht nach vorn in die Entrüstung.

Als der Wiederholungstäter Günter Grass zum Lobredner auf den türkischen Schriftsteller Yasar Kemal bestellt wurde, hätte sich eigentlich jeder für den Asylkompromiß Verantwortliche ausrechnen können, was ihn da in der Paulskirche erwartete. Sie hätten also von ihrem Menschenrecht aufs Wegbleiben Gebrauch machen können. Das war einigen von ihnen wohl nicht rechtzeitig eingefallen. So saßen sie denn, den Schmähreden eines deutschen Schriftstellers ausgeliefert, und mußten sich sagen lassen, was sie zwar nicht bestreiten können, sich aber doch schließlich nicht auch noch anhören müssen. Hätten sies wenigstens bei der nonverbalen Empörung während der Grass-Rede gelassen! Aber nein, sie mußten danach auch noch sagen, wie empört sie sind, von den Folgen ihrer Politik erfahren zu müssen. So viel solidarische Empörung der Verantwortlichen war lange nicht mehr.

Der Berliner Ausländerbeauftragten blieb es schließlich vorbehalten, von Grass zu verlangen, er solle sich bei den Deutschen lieber einmal bedanken für ihre Bereitschaft, Ausländer aufzunehmen, statt sie immer wieder zu tadeln für eine woanders genauso schlimme oder noch schlimmere Ausländerfeindlichkeit. Wenigstens die Bundeswehr reagierte prompt. Den Vorwurf der Ausländerfreundlichkeit ließ sie nicht auf sich sitzen. Zum Beweis legte sie mal wieder ein paar Videos vor mit allerlei rechtsradikalen Spielereien einiger unserer Bürger in Uniform. Der zuständige Minister reagierte sofort mit der vermutlich zutreffenden These, die Bundeswehr sei nicht ausländerfeindlicher als die Bundesrepublik insgesamt. Diese Bundeswehr sei ein getreues Abbild der bundesrepublikanischen Gesellschaft. Dem widersprachen die Politiker nicht, die sich über Grass so erregt hatten.

Und was sagte der Kanzler dieser ausländerfreundlichen Bundesrepublik nur wenige Tage später, anläßlich der wieder ausgebrochenen Diskussion um die doppelte Staatsbürgerschaft? Wenn man die zulasse, die doppelte Staatsbürgerschaft, hätte man bald ein paar Millionen Türken mehr in Deutschland. Das war natürlich nicht ausländerfeindlich gemeint. Unser Kanzler ist nicht ausländerfeindlicher als der durchschnittliche Bundesbürger. Manchmal vermochte er sogar noch durchschnittlicher zu sein als der Durchschnittsbundesbürger.

Damals, als der Asylkompromiß noch nicht beschlossen war und in Deutschland gerade verhältnismäßig viel Asylbewerberheime auf einmal brannten, da ging dieser Kanzler in Berlin mit vielen Tausend anderer Bundesbürger auf die Straße und demonstrierte gegen die Folgen seiner Politik. Und das kann immer wieder passieren, sowohl das mit den brennenden Ausländerunterkünften als auch das mit dem gegen sich selbst demonstrierenden Kanzler. Deutsche Politiker sind im Gegensatz zu manchem deutschen Schriftsteller berechenbar.

Leute wie Grass sind mitschuldig daran, daß die Bundesrepublik einmal einen Kanzler Willy Brandt hatte. Das werden ihm die Deutschen nicht so schnell verzeihen. Auch sechzehn Jahre Kohl sind nicht genug, um die paar Jahre Brandt wieder gutzumachen.

HAT ES DIE DDR NUN GEGEBEN ODER NICHT?

Die Frage ist zwar nach wie vor berechtigt, ist aber doch in dieser allzu schlichten Form zumindest unvollständig. Die ganze ostdeutsche Frage müßte heute lauten: Hat es die DDR je gegeben und wenn ja – welche, beziehungsweise – welche nicht? DDR, das sagt sich heute so leicht dahin. Wer aber sagt uns, will oder kann noch sagen, von welcher DDR er da spricht? War, was sich so lange als real existierend ausgab, nicht eigentlich weitgehend transzendental? Der erste, der diese transzendentale Seite dieser damals noch »Sogenannten« ansprach, war Ende der sechziger Jahre der schon viele, viele Jahre nicht mehr der NSDAP angehörende Bundeskanzler Kurt Georg Kiesinger gewesen. Er nannte diese DDR damals schon ein Phänomen. Und das ist sie seitdem mehr oder weniger geblieben.

Dieses Phänomen reicht von Honeckers Himmelreich über unser aller Fegefeuer bis hin zu des Altbundesbürgers Höllenbild.

Wie ein Bermudadreieck liegt diese DDR im transzendentalen Ozean unser aller gebildeter oder eingebildeter Erinnerung. Klar und eindeutig sind die Bilder von Himmel und Hölle, die einander nicht etwa ausschließen, sondern bedingen, wie einst der Löwenthal den Schnitzler und umgekehrt. Glichen sie einander doch wie ein kalter Krieger dem andern. Und wär der eine nicht gewesen, auf wessen Niveau hätte sich der andere begeben sollen? Ob man die ostdeutsche Nachkriegsgeschichte nun »Erich im Wunderland« nennt oder »Des Teufels Armeegeneral Mielke« – das bleibt sich gleich. Der Unterschied besteht nur in der Farbe des Balkens im Auge des Betrachters.

Löwenthal und Schnitzler schritten uns voran als Bannerträger der von ihnen dazu ernannten historischen Wahrheit. Wir mußten uns nur entscheiden, wem von beiden wir glauben wollten. Das Was stand für beide nie zur Debatte, und eigentlich war das ja auch fast egal. Hier stand Glaube gegen Glaube. Wer nur den Glauben an etwas hat, der kennt den Zweifel. Wo aber Glaube gegen Glaube steht, wird jeder Glaube zur Gewißheit der historischen Überlegenheit. Dieser östliche Glaube an die historische Überlegenheit sah übrigens immer recht blaß aus gegenüber dem westlichen Wissen um die ökonomische Überlegenheit.

Jetzt, da vom ganzen Kommunismus nur noch der Antikommunismus geblieben ist, kommt allerdings auch der sich etwas verloren vor. Eine kommunistische Plattform kann die Gefahr, die vom sozialistischen Lager ausging, nur sehr bedingt erzeugen. Und seit Sahra Wagenknecht verheiratet ist, hat das Böse auch noch sein reizendstes Gesicht verloren. Wo aber das Böse nicht mehr richtig zu sehen ist, hat es auch das Gute nicht leicht, sich zu erkennen zu geben. Ob Angela Merkel oder Claudia Nolte zum guten Gegenbild für die böse Wagenknecht getaugt hätten, wer will das heute noch entscheiden?

Man kennt sich ja auch kaum. Von Frau Merkel weiß ich nur, daß sie heutzutage vor allerlei Umweltproblemen ihr amtliches Auge lieber verschließt, als so ein schönes Amt zu gefährden. Wovor sie einst in der DDR die Augen verschlossen hat, weiß ich nicht. Aus der Tatsache, daß sie einmal eine Funktion in der Freien Deutschen Jugend hatte, entnehme ich, daß sie jedenfalls auch mal da gelebt haben muß. Diese FDJ gab es schließlich nur in der DDR. Das weiß ich, weil ich selbst mal FDJ-Sekretär war. Das also haben wir beide gemeinsam, Frau Merkel und ich. Daraus erlaube ich mir zu schließen, es waren nicht alle FDJ-Funktionäre schlecht in der DDR.

Mein DDR-Bild jedenfalls wird immer verschwommener. Es liegt irgendwo zwischen Stasiknast und Vollbeschäftigung. Was Vollbeschäftigung ist, habe ich erlebt. Stasiknast glücklicherweise nicht. Ich weiß nicht, wie mein DDR-Bild heute aussähe, wäre ich damals im Stasiknast gewesen. Daß ich das nicht war, wird mir immer mal wieder vorgeworfen von Leuten, die nur deshalb nicht gesessen haben, weil sie in den fraglichen vierzig Jahren gerade nicht im Osten waren.

Nein, auch Mielke hat eben nicht ganze Arbeit geleistet, sonst könnte hier ja keiner, der es miterlebt hat, dieses Reich des Bösen leichtfertig verharmlosen. Eingesperrt waren wir zwar alle, das können und wollen wir auch alle nicht leugnen. Aber für manchen von uns scheinen die Haftbedingungen einfach nicht hart genug gewesen zu sein, sonst würde er die ihm geschenkte Freiheit vorbehaltloser loben. Ich kenne Arbeitslose, die mit ihrer neuen Freiheit so wenig anfangen können, daß sie sie sogar zurückgäben, bekämen sie dafür ihre alte Arbeit.

Wenn der Vorwurf kommt, und er kommt ja immer öfter, wir hier im Osten hätten nach vierzig Jahren Diktatur verlernt, den Wert von Freiheit zu ermessen, hielten so etwas Untergeordnetes wie soziale Sicherheit für ebenso wichtig, dann senke ich jedesmal beschämt den Kopf. Und dann fällt mir wieder ein, was ich allzu schnell vergessen hatte: damals nach dem Krieg hatten sich doch die tapferen Freiheitskämpfer im Westen ihre Freiheit und die ganze westliche Demokratie von den Amerikanern, Franzosen und Engländern hart erkämpfen müssen. Auch 1989 waren sie es und nicht wir, die unsere Regierung gestürzt haben und diese Freiheit nun auch für uns erkämpften. Und weil das so war, wissen sie eben, wie kostbar Freiheit ist, während wir nur immer an ihr herummäkeln.

In diesem Zusammenhang stellt sich natürlich jetzt auch die Frage, ob es denn eine BRD überhaupt je gegeben hat. Ich will der Frage nicht ausweichen. Aber vorher drängt es mich, ein umfassendes Geständnis abzulegen von meinen tiefen Verstrickungen mit dem östlichen Unrechtssystem. Schon als Vierjähriger – was soll ich es länger leugnen – habe ich feige zugesehen, wie die Russen in meine Geburtsstadt Finsterwalde einmarschierten und ihr kommunistisches Besatzungsregime errichteten. Auch als Achtjähriger habe ich nicht protestiert, als Ulbricht, Pieck und Grotewohl vor meinen Augen ihre DDR gründeten. Ja, ich habe als kleiner Junge Brot von den Russen angenommen, bin dann folgerichtig ohne jeden Zwang zu den kommunistischen Pionieren gegangen und wurde mit vierzehn Jahren, das habe ich schon zugegeben, auch noch Mitglied der Freien Deutschen Jugend.

Danach war ich noch einige Jahre Mitglied der kommunistisch gelenkten Gewerkschaft Kunst und trat noch 1986 in den ebenfalls kommunistisch unterwanderten Theaterverband ein, zu einer Zeit also, als jeder wissen mußte, daß es mit dem ganzen roten Zauber schon zu Ende war.

Ich habe zugelassen, daß 1961 die Mauer gebaut wurde, daß Menschen aus politischen Gründen verhaftet und verurteilt wurden. Fast hätte ich auch zugelassen, selbst verhaftet zu werden. Zugelassen habe ich ferner den Einmarsch der Warschauer-Pakt-Truppen 1968 in Prag und 1973 den Putsch in Chile ... Ach nein, damit hatte ich nichts zu tun. Da durften wir ja damals gar nicht hinfahren.

Obwohl ich dann – früher als manche andere – immer mal in den Westen durfte, bin ich doch immer wieder in die Diktatur zurückgekehrt. Nicht nur, weil da meine Familie war, sondern auch, weil ich damals in der Bundesrepublik für mich keine wirkliche Alternative erkannt habe. An der Wende in der DDR war ich beteiligt, gehöre aber zu den wenigen, die danach nicht nach Kohl gerufen haben, sondern immer noch meinten, es müßte doch eine Alternative geben. Schließlich hatte ich vorher auch der DDR nicht vorgeworfen, daß sie keine Bundesrepublik war, sondern keine Alternative zu ihr. So verstockt war ich. Heute sehe ich zum jetzt und hier herrschenden demokratischen System keine Alternative. Allerdings sähe ich ganz gern mal in diesem System die eine oder andere Alternative.

Es ist völlig überflüssig, mir zu sagen, ich sollte doch nach drüben gehen. Da komme ich her. Und deshalb weiß ich zumindest noch genau, was ich nicht will.

Vor die Wahl gestellt, Fackelzug oder Love parade, entscheide ich mich ohne zu zögern für love parade, obwohl sie für mich ganz bestimmt nicht die erstrebenswerte Alternative ist.

HAT ES AUCH EINMAL EINE BRD GEGEBEN?

Daß dies nur eine Scherzfrage sein kann, weiß jeder, der jemals mit deutscher Geschichte oder Gegenwart in Berührung gekommen ist. Eine BRD kann es nachweislich gar nicht gegeben haben. Denn hätte es sie gegeben, müßte sie sich ja in irgend etwas unterscheiden vom heutigen Deutschland, beziehungsweise das heutige Deutschland von dieser angeblichen BRD. Aber da gibt es erwiesenermaßen nichts. Deutschland, als Ganzes betrachtet, ist genau dasselbe geblieben wie vorher, als es noch nicht ganz so groß war, wie es das heute ist.

Nur unbelehrbare DDR-Nostalgiker können heute noch von der Existenz einer BRD auf deutschem Boden träumen. Schließlich wurde Deutschland schon im Jahre 1954 Fußballweltmeister, und keine sogenannte BRD. Und auch 1974 hat die Zwangsfußballmannschaft der DDR ja nicht gegen eine Phantasie-BRD 1 : 0 gewonnen, sondern gegen Deutschland. Und das war eine deutsche und keine BRD-Schande, die erst mit dem Sieg des deutschen Kanzlers über seinen östlichen Herausforderer de Maiziere wieder gutgemacht werden konnte.

Auch wenn dieses Deutschland vorübergehend nur bis zur Elbe reichte, hörte es doch nie auf, das einzige Deutschland auf der Welt zu sein, eine ganz und gar singuläre Erscheinung sozusagen, ein Singularetantum, wie der Lateiner Hallstein einst formulierte. Länger als vierzig Jahre hielt sich im Westen zwar das Gerücht, daß auch rechts von Elbe und Werra, also in den polnisch-sibirischen Grenzregionen, Deutsche lebten. Aber das stellte sich schon im Jahre 1990 als ein Irrtum heraus. Zwar hatten die Menschen dort – und daß es sich bei ihnen um so etwas wie Menschen handelt, soll gar nicht in Abrede gestellt werden – einst sehr laut in Richtung Westen gerufen: »Wir sind ein Volk!« Aber das war das reine Wunschdenken. Denn kaum hatte man ihnen die deutsche Mark geschenkt, glaubten sie, man würde sie nun wieder in Ruhe lassen und sie könnten so weitermachen wie bisher.

Spätestens zu diesem Zeitpunkt mußte der Westen einfach zur Kenntnis nehmen, daß sich der Osten auf einer Zivilisationsstufe befand, die man mit dem deutschen Entwicklungsstand einfach nicht gleichsetzen konnte. Das war für die hochsensiblen Echtdeutschen vom Rhein eine schmerzliche Erkenntnis. Aber ändern können sie es nicht. Schließlich waren auch sie nicht von heute auf morgen auf so einen hohen Entwicklungsstand gelangt. Das Tragische an diesen Ost ... Ja, nennen wir sie ruhig einmal Deutsche, auch wenn sie es noch lange nicht sind. Das Tragische an diesen – Gänsefüßchen unten – Ostdeutschen – Gänsefüßchen oben – ist ja, daß sie sich selbst schon für nahezu gleichwertig halten. Und die aller Ehren werte, aber doch etwas überzogene Humanitätsduselei der Westdeutschen – die human correctness, wie man das heute nennt – hindert die Volldeutschen noch immer, ihren Halbschwestern und -brüdern die ganze Wahrheit zu sagen. Nie war die deutsche Frage so offen wie heute.

Nur weil im Osten dieselben Wörter benutzt werden, spricht man dort doch noch lange kein richtiges Deutsch. Ostdeutsch ist sowohl von seinem output her wie auch in seinem feedback kein vollwertiges Deutsch. Unter dem ständigen slawischen Einfluß ist viel vom deutschen background verlorengegangen. Ostdeutsche kids haben jedes feeling verloren für ihre Muttersprache. Vierzig Jahre mit den Russen Tür an Tür leben, das hinterläßt eben schwere sprachliche Defekte. Das darf man auf Dauer nicht außen vorlassen, weil es keinen Sinn macht.

More heavy aber als die Ostsprache wiegt das östliche Wahlverhalten. Nirgendwo zeigt sich das Maß an Unterentwicklung so deutlich wie in den Wahlergebnissen. Es ist fast schon eine Form westdeutscher Selbstverleugnung, diese Oststimmen überhaupt mitzuzählen. Sie schleppen die rote Gefahr da wieder ein, wo man sie vor vierzig Jahren ein für allemal verboten hatte. Solange die Ostdeutschen nicht erkennen wollen, daß man hier nur entweder Deutscher oder Kommunist sein kann, werden sie nie das sein, was die Welt einen Vollwertdeutschen nennt.

Die Sachsen – auch wenn das Wort allein schon diskriminierend klingt, muß man es doch aussprechen – die Sachsen also sind ja nicht, wie sie selbst so gern sagen, nur Deutsche zweiter Klasse. Sie sind zweitklassige Deutsche, Ostdeutsche eben. Allerdings muß man ihnen auch zugute halten, daß sie das nicht zu verbergen suchen, sondern sich mit ihrem Dialekt sofort zu erkennen geben. Da kann es also gar nicht erst zu so bösen Verwechslungen kommen wie zum Beispiel in Berlin.

Selbstverständlich soll auch das Positive am homo oriens nicht vergessen werden, zum Beispiel seine Lern- und Anpassungsfähigkeit. Den hochdeutschen Umgang mit Ausländern lernte er, noch bevor diese Ausländer überhaupt bei ihm waren. Rostock und Hoyerswerda brauchen sich nicht zu verstecken hinter Solingen und Mölln. In mancher Hinsicht also – da wollen wir unser deutsches Licht mal nicht unter den türkischen Scheffel stellen – ist die innere Einheit der Deutschen schon hergestellt.

Auch die Kunst der Nachahmung ist im Osten kaum weniger entwickelt als im richtigen Deutschland. Wie viele von denen da drüben können einen richtigen Deutschen so täuschend nachahmen, daß man sie kaum wiedererkennt. Die größten Genossen spielen jetzt manchmal die größten Kapitalisten. Und solche Ausnahmeerscheinungen wie der unvergeßliche Günter Krause haben ihre Vorbilder so gut kopiert, daß sie ihre Originale an Originalität sogar übertreffen. Wer von uns könnte heute noch entscheiden, wer da wen nachgemacht hat, der Möllemann den Krause oder umgekehrt. Fast ist man versucht den einen Möllekrause zu nennen und den andern Krausemann. Daß sie beide aus der großen deutschen Politik verschwunden sind, ist ein Verlust, der sie beide wohl am meisten schmerzt. Der Wähler hingegen kann sie schon sehr lange verschmerzen.

Frau Nolte und Frau Merkel sind wegen anhaltender Unauffälligkeit noch im Amt. Wären sie das nicht, würde es auch keinem auffallen. Sie befolgen jeden Ratschlag ihrer westlichen Verhaltensberater aufs Wort. Das macht ihre bescheiden-inkompetente Ausstrahlung aus, mit der sie jeden CDU-Parteitag bezaubern. Die Inkompetenz erwarben sie in Bonn, die Bescheidenheit haben sie aus dem Osten mitgebracht. Die macht sie in Bonn noch immer ein bißchen exotisch.

Sollte es eines Tages der großen Mehrheit der Ostdeutschen gelingen, ihre erworbene Inkompetenz so mit Selbstwertgefühl zu füllen, daß alle östliche Bescheidenheit von ihnen abfällt, dann könnte das mit der inneren und äußeren Einheit Deutschlands doch noch etwas werden. Dann fragt keiner mehr, ob es sowas wie eine DDR oder gar eine BRD überhaupt gegeben hat. Dann gilt nur noch Deutschland, Deutschland, über alles andere brauchen wir dann gar nicht mehr zu reden.

DIE ANDERE MÖGLICHKEIT
(Statt eines Nachworts)

Wäre es im November 1989 in Europa nicht gekommen, wie es gekommen ist, sondern genau umgekehrt –, hätte sich also nicht das östliche Lager aufgelöst, sondern das westliche, gäbe es heute in Westeuropa mindestens so viele überzeugte Kommunisten, wie es jetzt Demokraten gibt in Osteuropa. Auch der Papst käme nicht umhin, den Sozialismus als gottgewollte Ordnung zu begrüßen und von den großen Möglichkeiten der Kirche im Sozialismus zu predigen. Längst hätte er einen sowjetischen Kardinal zu seinem Nachfolger bestellt, denn die führende Rolle der Sowjetunion müßte nun auch im Vatikan durchgesetzt werden.

Die wenigen, noch bekennenden Demokraten in Europa würden als Ewig-Gestrige verlacht. Denn die Überlegenheit der Diktatur des Proletariats hätte sich endgültig erwiesen, und auch die Frankfurter Sozialistische Allgemeine würde vom Ende aller Demokratie sprechen. Westliche Literatur und Kunst würden nicht länger aus rein politischen Gründen überschätzt, sondern als absolut zweitrangig ignoriert werden. Ein ganz neuer Marcel Reich-Kurella würde die entsprechenden Urteile sprechen.

Die kommunistischen Parteien Europas könnten sich vor Aufnahmeanträgen kaum retten. Einige kleinere westdeutsche Gemeinden wie Bonn und Garching-Süd würden geschlossen um Aufnahme in die zur mächtigen Sozialistischen Einheitspartei vereinigten Arbeiterpartei bitten. CDU, FDP und Grüne legten ein Bekenntnis zur Bündnispolitk ab und fänden ihren untergeordneten, aber sicherer Platz in der Nationalen Front des real-überlebt-habenden Sozialismus. Die Bayerische CSU würde um die Erlaubnis nachsuchen, sich künftig Christlich-Sozialistische Union nennen zu dürfen, und aus dem Freistaat würde der erste sozialistische Alpenbezirk der DDR.

Diese nun in ganz Deutschland real-existierende DDR wäre gleich nach der UdSSR der zweite große Lehrmeister aller Nationen. Irgendwann würde eine neue Losung sogar heißen: Von der DDR lernen, das heißt, über die Sowjetunion siegen lernen!

Ganz Europa käme endlich in den Genuß der Segnungen sozialistischer Planwirtschaft. Die schrittweise, kontinuierliche Verknappung aller Gebrauchsgüter und Nahrungsmittel würde mithelfen, die sozialistische Menschengemeinschaft noch enger zusammenzuschweißen. An die Stelle der kalten Ware-Geld-Beziehung würde der heiße sozialistische Tauschhandel treten – gibst du mir deine Mischbatterie, geb ich dir meine Auspuffanlage.

Nach ein, zwei Fünfjahrplänen gäbe es auch endlich überall den gesunden Arbeitskräftemangel, denn sozialistische Technologie und die daraus resultierende Arbeitsproduktivität würden sicherstellen, daß immer mehr Menschen immer weniger Waren herstellen. Statt mit westlicher Computertechnik würde man endlich überall mit Hammer und Zirkel unter dem sozialistischen Ährenkranz arbeiten. Das Internet, als Betätigungsfeld feindlich-negativer Kräfte, würde durch regelmäßige Stromabschaltungen unwirksam gemacht, und fröhliche Wassersportler auf dem Starnberger See würden demonstrieren, was das ist – Surfen im Sozialismus.

Da, wo jetzt noch die Frankfurter Börse steht, wäre eine zentrale Akademie sozialistischer Politökonomie eingerichtet worden, und statt der Aktienkurse würden überall in Stadt und Land die Kennziffern sozialistischer Industrie und die Ergebnisse der Getreide- und Kartoffelernte veröffentlicht werden. Wo heute für die Telekom-Aktie geworben wird, würde Manfred Krug die Menschen überzeugen von einer gesunden Ernährung mit Kim-Ei, Broiler und Süßtafel.

Karl-Eduard von Schnitzler wäre ins Kanzleramt übergesiedelt, um aus dieser Höhle des Klassenfeindes einen Hort der Wahrheit zu machen. Von hier aus würde er über alle europäischen Kanäle die letzten in Europa noch anzutreffenden Klassenfeinde entlarven – den Frühling, den Sommer, den Herbst und den Winter. Mit seinen zutiefst parteilichen Wettervorhersagen würde er jedes Regengebiet als dem Sozialismus zutiefst wesensfremd verurteilen und alle Tiefausläufer als feindlich-negative Eindringlinge entlarven.

Die sofort in Volkseigentum überführte Kohle- und Stahlindustrie an Rhein und Ruhr hätte längst aufgehört, kapitalistischen Profit abzuwerfen – rote Zahlen über dem Ruhrgebiet würden künden von der Überlegenheit sozialistischer Produktionsweise. Das vereinigte volkseigene Kombinat Krupp/Thyssen hätte den verpflichtenden Namen Günter Mittag verliehen bekommen. Aus Jil Sander wäre die Margot-Honecker-Dederon-Kollektion geworden: Vom Blaumann bis zur Kittelschürze – Margot bringt der Mode Würze.

Die jetzt über ganz Deutschland verstreute Autoproduktion wäre zusammengelegt worden zu einem deutschen demokratischen Zentralkombinat Fahrzeugbau unter der Leitung erfahrener Fahrzeugbauer aus Zwickau und Eisenach. Mercedes Benz dürfte künftig den Wartburg in Lizenz bauen und Wolfsburg den Trabant, beide natürlich in Vorwendequalität. Unter der Devise »Keine Experimente – mit der Kraft der zwei Takte« würden Wartburg und Trabant das sozialistische Straßenbild ganz Deutschlands bestimmen.

Die geltenden Wartezeiten auf diese Kraftfahrzeugmodelle würden einheitlich auf fünfundzwanzig Jahre festgelegt. Neu-DDR-Bürger bekämen die Möglichkeit, ihre Alt-West-Wagen kostenlos an die Alt-DDR-Bürger abzugeben als ein kleines Zeichen der Dankbarkeit für den ihnen geschenkten Sozialismus.

Die staatlichen Handelsorganisationen KONSUM und HO hätten innerhalb kürzester Zeit alle Warenhäuser und Supermärkte der Ex-BRD auf Oststandard umgerüstet. Das anfängliche Monopol der Ostsortimente würde nur ganz allmählich gelockert, so daß nach einigen Jahren auch die eine oder andere eingelegte Gurke aus dem Schwarzwald oder die eine oder andere Flasche aus dem Rheingau ins sozialistische Angebot käme.

Um die Attraktivität der Hauptstadt der vereinigten

DDR planmäßig zu erhöhen, wäre der Handel mit besonders hochwertigen Luxusgütern wie Pflaumenmus und Videorecordern auf Berlin beschränkt. Auf diese Weise würde der Reiseverkehr von und nach Berlin nachhaltig gefördert werden.

Die jährliche Weihnachtszuteilung von leistungsabhängigen fünf bis sieben Apfelsinen, beziehungsweise zwei bis dreieinhalb Chiquita-Bananen wäre versuchsweise auch auf die ländlichen Gebiete auszudehnen. Lediglich die linksrheinischen DDR-Randgebiete müßten aus verkehrstechnischen Gründen vorläufig noch von dieser Sonderversorgung ausgeschlossen bleiben. Bis Bonn allerdings würde die Weihnachts-Sonderzuteilung auf jeden Fall gebracht werden. Hatten doch die Bonner besonders unter dem ewigen Kohl zu leiden und haben sich ihre Südfrucht unterm Weihnachtsbaum redlich verdient.

Nachdem sich der ehemalige Kanzler der ehemaligen BRD mit seiner Frau durch die Flucht in die argentinische Botschaft seiner gerechten Bestrafung feige entzogen hätte, würde man Oggersheim zu einem sozialistischen Umerziehungsdorf umgestalten. Hier dürften die weitgehend ahnungslos gebliebenen Rheinpfälzer – das DDR-Fernsehen hatte sie ja vierzig Jahre nicht erreicht – nun endlich erfahren, was herauskommt, wenn russischer Kommunismus auf fruchtbaren preußischen Boden fällt. Die ehemaligen Mitglieder der Bonner kriminellen Vereinigung von Regierung und Opposition wären auf die Insel Helgoland verbracht, um hier zum sozialistischen Kollektiv zu reifen. Eine Siegerjustiz würde es in der vereinigten DDR nicht geben, allenfalls die eine oder andere Begnadigung. So würde man beispielsweise lernfähig erscheinenden Kadern wie etwa Guido Westerwelle Gelegenheit geben, sich im Zentralrat der Freien Deutschen Jugend zu bewähren. Auch Norbert Blüm wäre dank seiner proletarischen Herkunft und Ausstrahlung durchaus wiederverwendungsfähig, etwa in einer Anstalt sozialistischer Altenpflege. DDR-Rentner wären auch durch ihn nicht mehr aus der Fassung zu bringen.

Der neue Alterspräsident und alte Minister für Volksaufklärung Erich Mielke hätte in seiner Eröffnungsrede vor der nun auch gesamtdeutschen Volkskammer alle Neu-DDR-Bürger seiner umfassenden Liebe versichert. An einem Telefon des Vertrauens dürfte ihm künftig jeder DDR-Bürger auch ohne Verpflichtungserklärung mitteilen, was er über seine Nachbarn, Freunde und Verwandten schon immer mal sagen wollte. Unter der Losung »Einer sei des andern IM« würde eine allumfassende Volksaussprache beginnen.

Dann endlich wäre Wirklichkeit, was in der früheren DDR nur ein Witz war – die drei größten Staaten der Welt, die mit U beginnen, wären die UdSSR, die USA und UNSERE DEUTSCHE DEMOKRATISCHE REPUBLIK.